AF453643

THÈSE

POUR

LE DOCTORAT.

A mon Père et à ma Mère.

UNIVERSITÉ DE FRANCE. — ACADÉMIE DE RENNES.

Faculté de Droit.

THÈSE POUR LE DOCTORAT.

Du Rapport à Succession.

Cette thèse sera soutenue le mardi 1er août 1854, à 2 heures du soir,

PAR

M. G. BOULLIER DE BRANCHE, avocat à la Cour impériale d'Angers,

Né à Ernée (Mayenne).

Examinateurs :

MM. RICHELOT, *doyen ;* BIDARD, GOUGEON, DE CAQUERAY, *profess. ;*
BODIN, *professeur suppléant.*

RENNES

IMPRIMERIE DE CH. CATEL ET Cie,
rue du Champ-Jacquet.

1854.

DU RAPPORT A SUCCESSION.

On appelle rapport à succession, l'acte par lequel les cohéritiers qui ont été avantagés par le défunt, remettent à la masse de la succession ce qui leur a été donné, pour être compris dans le partage, comme s'ils n'en avaient jamais été saisis à titre particulier.

L'obligation du rapport a pour but d'établir l'égalité entre les diverses personnes qui viennent prendre part à une même succession. La loi suppose que cette égalité est le vœu de tous ceux qui n'ont pas déclaré d'une manière expresse qu'ils entendaient y déroger.

L'origine du rapport se trouve dans la législation romaine. Le préteur obligea les émancipés à rapporter tous leurs biens à leurs frères soumis à la puissance paternelle, lorsqu'ils voudraient partager avec eux la succession du père de famille. Plus tard, cette obligation fut étendue à tous les héritiers en ligne directe descendante; enfin, sous Justinien, le rapport fut constitué sur des bases qui ont une analogie frappante avec celles posées par notre Code.

Notre ancien droit admettait généralement le rapport: les pays de droit écrit adoptèrent les règles de la législation romaine, et les pays coutumiers lui donnèrent quelquefois une extension qu'il ne conserva pas sous notre droit.

C'est en partie dans le droit romain, en partie dans le droit coutumier que les dispositions de notre Code sur cette matière ont été puisées. Nous allons étudier les règles du rapport dans ces diverses législations.

PREMIÈRE PARTIE.

Du Rapport à succession dans le droit romain.

—

CHAPITRE 1er.

ORIGINE DU RAPPORT.

1. — Le rapport à succession fut inconnu à Rome pendant tout le temps que la législation primitive resta en vigueur; les lois qui réglaient l'ordre des successions et la puissance paternelle le rendaient impossible.

La loi des Douze-Tables, en effet, n'appelait à la succession des ascendants que les enfants *siens*, c'est-à-dire ceux qui étaient sous leur puissance au moment de leur décès, et privait ainsi les enfants émancipés de tout droit héréditaire. Or, la puissance paternelle avait pour effet, non-seulement d'empêcher toutes obligations, tous actes et par conséquent toutes donations entre le père et les enfants qui y étaient soumis, mais d'empêcher encore ces derniers de posséder quelque chose en dehors du patrimoine du père de famille (1).

2. — Plus tard le droit prétorien modifia l'ordre de succession établi par la loi des Douze-Tables. Le préteur crut qu'il était plus juste d'appeler à la succession des ascendants la famille naturelle que la famille civile, et il permit aux enfants émancipés de venir partager les biens de leurs ascendants avec leurs frères restés en puissance. Afin d'arriver à ce résultat sans détruire l'ancien droit, qui conserva le nom de droit civil ou de droit

(1) Gaïus. Institutiones.

strict, il imagina de donner aux émancipés sur les biens héréditaires un droit de possession qui, sauf le nom, était un véritable droit de propriété (1); en sorte que les enfants soumis à la puissance paternelle, auxquels seuls appartenait le titre d'héritiers, tout en acquérant la propriété civile de l'hérédité entière, en partageaient la propriété utile avec leurs frères émancipés. Cette possession de biens fut appelée infirmative du testament *contrà tabulas* lorsque le défunt laissait un testament où le fils émancipé était passé sous silence, et possession *undè liberi* lorsqu'il n'avait pas testé.

Cette innovation du droit prétorien, outre le préjudice qu'elle causait aux enfants restés en puissance en les privant d'une partie de l'hérédité qui était en quelque sorte leur bien propre, puisque le droit civil les considérait comme copropriétaires du patrimoine du chef de famille, était pour eux, dans certains cas, une véritable injustice. En effet, tandis que tout ce qu'ils avaient acquis pendant la vie de leur père faisait partie de l'hérédité et était partagé par eux avec les émancipés, tous les biens que ces derniers avaient acquis depuis leur émancipation leur restaient propres.

3. — Un édit du préteur vint réparer cette injustice en ordonnant le rapport des biens. L'obligation de rapporter fut imposée aux enfants émancipés toutes les fois que, venant à la succession de leur père en concours avec leurs frères restés en puissance, ils les empêcheraient d'acquérir toute la portion de biens que le droit civil leur attribuait (2).

4. — Rapporter veut dire réunir à la masse héréditaire pour être soumis au partage : en sorte que si un père meurt laissant deux enfants en puissance et un émancipé, ce dernier, s'il veut obtenir la possession de biens *undè liberi*, doit donner un tiers de ses biens à chacun de ses frères et conserver un tiers pour lui.

(1) Cujas. In Dig., lib. 37, tit. 1, l. 1.
(2) Dig. De coll. bon., l. 1, § 5.

CHAPITRE II.

DANS QUELS CAS A LIEU LE RAPPORT, A QUELLES PERSONNES IL DOIT ÊTRE FAIT.

—

§ 1. — *Dans quels cas a lieu le rapport, à quelles personnes il doit être fait, à l'époque des jurisconsultes classiques.*

5. — L'édit du préteur oblige au rapport les enfants émancipés admis à la succession de leur ascendant paternel au moyen de la possession de biens *contrà tabulas* ou *undè liberi*, toutes les fois qu'ils se trouvent en concours avec des enfants restés en puissance et qu'ils leur enlèvent une portion des biens héréditaires qu'ils auraient obtenus sans l'intervention du droit prétorien (1).

Ainsi, lorsqu'un père a deux enfants, l'un émancipé, l'autre en puissance, s'il institue ce dernier son unique héritier et passe sous silence l'émancipé, il doit y avoir rapport, parce que en demandant la possession de biens *contrà tabulas*, l'émancipé fait perdre à son frère la moitié de l'hérédité. Si ce père institue héritier un étranger pour un quart de la succession, son fils en puissance pour les trois autres quarts et passe sous silence l'émancipé, le rapport doit encore avoir lieu, parce que l'admission de ce dernier à la possession *contrà tabulas* fait perdre à son frère un quart de la part héréditaire que le droit civil lui attribue; mais dans ce cas la part à rapporter est moindre (2).

6. — Le rapport cesse d'avoir lieu lorsque l'admission de l'émancipé à la succession paternelle ne cause pas de préjudice aux enfants qui sont en puissance.

Supposons qu'un père ayant deux enfants, l'un émancipé, l'autre en puissance, institue pour son héritier un étranger après

(1) Dig. De coll. bon., l. 1, § 1 et 5.
(2) Dig. De coll. bon., l. 1, § 4.

avoir déshérité son fils en puissance et passé sous silence l'émancipé ; supposons en même temps que l'étranger répudie la succession dans la crainte de voir l'émancipé l'écarter de l'hérédité par la demande en possession *contrà tabulas* qu'il ne manquerait pas de former. Le testament devient *destitutum* tant pour l'institution d'héritier que pour l'exhérédation du fils en puissance ; la succession est déférée *ab intestat*. L'émancipé ne devra pas rapporter, quoiqu'il demande la possession *undè liberi* et que l'enfant en puissance succède d'après le droit civil, car on ne peut pas dire qu'il y ait préjudice pour l'héritier sien, puisqu'au contraire, sans l'intervention de l'émancipé, l'héritier institué eût fait *adition*, et l'exhérédation conservé toute sa force.

Pareillement, il ne sera pas dû de rapport dans la seconde espèce de notre § 5, si la part attribuée à l'étranger par le testament est égale ou supérieure à la moitié de l'hérédité, parce que dans ce cas la demande de possession *contrà tabulas* introduite par l'émancipé ne peut qu'augmenter la part héréditaire de l'enfant en puissance, ou bien ne lui porte aucun préjudice (1).

7. — Dans tous les cas où, par suite du droit de représentation, admis aussi bien dans le droit civil que dans le droit prétorien, le fils vient prendre la place de son père, soit pour demander la possession *contrà tabulas,* soit pour se porter héritier *ab intestat,* il est comme lui autorisé à demander le rapport ou obligé de l'effectuer.

8. — Le rapport est dû non-seulement aux héritiers siens nés au moment du décès de l'ascendant, mais encore aux enfants posthumes qui se fussent trouvés héritiers siens s'ils étaient nés de son vivant (2). Toutefois, dans ce cas, l'émancipé peut attendre pour effectuer le rapport auquel il est assujetti le moment de la naissance du posthume, parce que jusqu'à cette époque il n'est pas certain qu'il vienne prendre part à l'hérédité (3).

9. — Ce n'est pas seulement à leurs frères ou à leurs neveux

<hr>

(1) Dig. De bon. poss. contrà tab., l. 20, § 1.
(2) Dig. De coll. bon., l. 12.
(3) Dig. De coll. bon., l. 12.

que les émancipés doivent rapporter, leurs enfants mêmes ont quelquefois le droit d'exiger d'eux le rapport. Ainsi, supposons qu'un aïeul ait émancipé son fils et gardé sous sa puissance les petits-fils qu'il a eus de lui : sa succession, d'après le droit civil, appartiendra à ses petits-fils à l'exclusion de leur père ; d'après le droit prétorien, elle sera divisée en deux parts, dont l'une appartiendra au fils émancipé, l'autre aux petits-fils restés en puissance, mais à la condition que le premier rapportera ses biens à ses enfants (1). Dans ce cas, il n'y aura pas lieu à un double rapport, l'un au profit des frères de l'émancipé, l'autre au profit de ses enfants; c'est à ces derniers seulement que l'émancipé cause préjudice, c'est à eux seuls aussi qu'il devra rapporter.

10. — L'édit du préteur impose l'obligation de rapporter aux enfants qui ont été donnés en adoption par l'ascendant, et à ceux qui, après avoir été émancipés, se sont faits adroger, toutes les fois qu'ils viennent prendre part à la succession de leur père naturel au moyen de la possession de biens (2).

Mais comment pourra-t-il se présenter des cas où le rapport devra être effectué par les enfants donnés en adoption ? Le préteur ne leur accorde pas la possession *contrà tabulas* et *undè liberi* lorsque leur père est décédé *intestat* ou qu'il les a passés sous silence dans son testament, il laisse le droit civil subsister dans toute sa force à leur égard.

Ce cas se présentera lorsque le père aura institué héritier par testament le fils qu'il a donné en adoption, et qu'il aura passé sous silence un de ses fils émancipés. Si le dernier fait casser le testament en demandant la possession *contrà tabulas*, le préteur permet au fils donné en adoption de prendre, au moyen de la possession admise, la part qui lui était assignée par le testament (3), et il le soumet à l'obligation de rapporter. Toutefois, ce n'est pas l'adopté qui rapporte personnellement puisqu'il n'est propriétaire d'aucun bien, c'est le père adoptif, et c'est justice, puisqu'il acquiert l'hérédité par l'entremise de son fils.

---

(1) Dig. De conjuag. cum emanc., l. 1, § 1 et 13.
(2) Dig. De coll. bon., l. 1. § 14.
(3) Dig. De bon. poss, contrà tabulas, l. 8.

Si le fils adoptif a été émancipé depuis le décès de son père naturel, mais avant de venir à sa succession, il ne peut y avoir de rapport, parce qu'alors c'est lui qui, est tenu personnellement de l'obligation de rapporter, et qu'il n'est propriétaire d'aucun bien rapportable. En effet, nous verrons plus tard que les biens dont on est propriétaire au jour du décès de l'ascendant sont les seuls qui doivent être rapportés ; or, dans notre espèce, l'adopté était à cette époque dans la famille de l'adoptant et ne pouvait, par conséquent, être propriétaire d'aucun bien.

11. — Le petit-fils qui est resté en puissance de son aïeul et dont le père a été émancipé doit rapporter lorsqu'il est admis à prendre part à la succession de son père en vertu du droit prétorien. L'aïeul, dans ce cas, est assimilé au père adoptif, c'est lui qui doit effectuer le rapport; comme lui aussi, il peut se soustraire à cette obligation en émancipant son petit-fils. Cette émancipation ne cause aucun préjudice aux fils qui sont restés sous la puissance de l'émancipé, parce que dans quelque temps que l'aïeul vienne à mourir ils pourront venir à sa succession, et obtenir ainsi la même quantité de biens que celle qui leur eût été rapportée.

12. — Les émancipés qui ont été faits prisonniers par l'ennemi et qui reviennent dans leur patrie après la mort de leur père, ne sont admis à sa succession par le préteur qu'à la condition qu'ils rapporteront tout ce qui leur a été rendu en vertu du droit de retour, *jus postliminii* (1).

13. — Aux termes de l'édit, il est nécessaire, pour que le rapport soit obligatoire, que le fils émancipé et le fils soumis à la puissance paternelle viennent à la succession au même titre, par exemple en vertu de la possession *contrà tabulas* ou de celle *undè liberi;* lors donc qu'un héritier sien exhérédé vient à la succession de son père au moyen de la plainte d'inofficiosité, et que l'enfant émancipé passé sous silence dans le testament est admis à la possession *contrà tabulas*, ce dernier ne peut être contraint de rapporter.

Cependant, le jurisconsulte Scévola décidait que dans le cas où

_____

(1) Dig. De coll. bon., l. 1, § 17.

un père aurait institué pour héritier son fils en puissance et aurait passé sous silence son fils émancipé, celui-ci, s'il demandait la possession *contrà tabulas,* serait obligé de rapporter, quoique son frère eût recueilli la succession en vertu du testament, parce que ce frère avait le droit de demander la possession *contrà tabulas,* s'il l'avait voulu. Cette règle, qui n'était pas écrite dans l'édit, ressortait de son esprit, car en réalité la possession de biens accordés à l'émancipé causait un préjudice à l'enfant soumis à la puissance paternelle (1).

14. — Le rapport n'a lieu que dans les successions *ab intestat,* d'après les termes de l'édit du préteur; il n'en est pas question dans les successions testamentaires. Le motif d'équité qui a présidé à l'introduction de l'édit ne trouve plus son application, lorsqu'un émancipé vient à la succession de son père par suite d'une institution d'héritier. Il ne cause dans ce cas aucun préjudice aux héritiers siens, puisqu'il ne reçoit que ce que son père lui a donné, et que d'après le droit civil toute personne a le droit de disposer de l'universalité de ses biens par testament. Il n'a pas besoin de l'intervention du droit prétorien pour hériter, la portion d'hérédité qu'il obtient eût pu être donnée à un étranger (2). Toutefois, le testateur a la faculté d'imposer l'obligation de rapporter à l'héritier qu'il institue au moyen d'une clause expresse de son testament.

15. — Il est nécessaire, pour que l'émancipé héritier testamentaire ne soit pas obligé au rapport, non-seulement qu'il soit institué, mais encore qu'il obtienne sa part de succession en vertu de cette institution; lorsqu'il l'obtient en vertu d'un autre titre, il doit rapporter, à moins que la quotité que lui attribue ce nouveau titre ne soit moins considérable que celle qui lui était assignée par le testament. Supposons, par exemple, qu'un autre fils émancipé, passé sous le silence dans le testament du père, fasse rescinder ce testament au moyen de la possession *contrà tabulas,* ou qu'un fils exhérédé parvienne à le faire casser au moyen de la plainte d'inofficiosité; si l'émancipé institué héritier

(1) Dig. De bon. coll., l. 10.
(2) Cod. De coll., l. 1.

obtient dans la succession déférée *ab intestat* une part plus forte que celle que lui attribuait l'institution, il devra rapporter. Dans ce cas, en effet, il hérite en vertu du droit prétorien, et il obtient une part plus considérable que celle qu'il eût eu en vertu du droit civil (1).

16. — Le rapport n'ayant été établi par le préteur que pour réparer le préjudice causé aux héritiers siens par l'admission des émancipés au partage de la succession de l'ascendant commun, cesse d'avoir lieu lorsque la succession n'est dévolue qu'à des enfants émancipés. Par le même motif, il ne peut être exigé lorsque les enfants soumis à la puissance paternelle sont seuls à concourir au partage de la succession du chef de la famille (2).

17. — L'édit du préteur ordonne cependant dans un cas aux enfants soumis à la puissance paternelle de rapporter à leurs frères soumis comme eux à cette puissance, c'est lorsqu'une fille a reçu une dot, et qu'elle demande la possession de biens pour venir à la succession de l'ascendant, sous la puissance duquel elle se trouve (3).

L'exception introduite aux règles ordinaires du rapport pour ce qui concerne la dot s'explique facilement par la nature des lois qui régissent la propriété de biens qui la composent. Tandis, en effet, que tout ce qu'acquièrent les enfants soumis à la puissance paternelle est réuni à l'hérédité et partagé entre tous ceux qui viennent prendre part à la succession, la dot reste la propriété de la fille en puissance ; en sorte que sans la disposition spéciale de l'édit sur le rapport des biens dotaux, la fille eût été dans une position beaucoup plus avantageuse que ses frères, puisque, outre la part de succession égale à la leur que le droit civil lui accorde, elle eût encore conservé la propriété exclusive des biens qui composent sa dot.

18. — La loi 4 au Code, t. *de coll. bon.*, ordonne que le rapport de la dot sera dû dans certains cas aux émancipés : c'est là une règle toute spéciale de la matière du rapport de la dot.

(1) Dig. De coll. dotis, l. 3.
(2) Dig. De coll. bon., l. 1, § 5.
(3) Dig. De coll. dotis, l. 1.

Nous verrons dans le chapitre suivant dans quels cas le rapport doit être effectué au profit des émancipés, car la distinction établie à cet égard est fondée sur la nature des biens qui composent la dot.

La loi 3 du titre : *de coll. bon.* au Code semble s'opposer à l'admission de la règle que nous venons de formuler ; elle dit en effet : que la fille doit rapporter sa dot à ses frères restés en puissance ; ce qui laisse entendre qu'il n'en est pas de même lorsque ses frères sont émancipés. Cette contradiction entre la loi 3 et la loi 4 n'est qu'apparente : la loi 3 indique, en effet, qu'il faut distinguer entre le cas où les frères sont émancipés et celui où ils sont en puissance ; mais cette distinction ne doit pas s'entendre en ce sens que la dot ne doit jamais être reportée aux émancipés, elle établit une différence entre les biens dotaux compris dans la loi 4 et le reste de la dot, les premiers seulement sont rapportables.

19. — Lorsqu'une fille qui a reçu une dot partage l'hérédité de son père avec son frère sans rapporter ses biens dotaux, ce frère, malgré le fait du partage, peut s'adresser au juge pour demander à jouir du bénéfice du rapport qui lui était dû ; ce bénéfice lui sera accordé dans certains cas. Cette décision semble contraire aux règles ordinaires du partage ; car si le frère savait qu'une dot avait été donnée à sa sœur et s'il n'en a pas parlé au moment du partage, il est censé lui avoir fait abandon des biens dotaux que le rapport devait lui attribuer, et il ne peut revenir plus tard sur cette donation. On répond que le frère pouvait ne pas savoir qu'une dot avait été donnée par son père à sa sœur, soit qu'il fût absent au moment où la donation a été faite, soit qu'il ne fût pas en âge de raison ; il peut encore se faire que sa sœur lui ait persuadé qu'elle a restitué à son père les biens qu'elle en avait reçus. Ainsi, lorsque cette question devra être résolue par le juge, il aura deux choses à examiner : la première, si le frère a été trompé, car s'il connaissait l'existence de la dot sa demande ne sera pas recevable ; la seconde, quelle quotité doit être rapportée. Pour déterminer cette quotité, on confondra fictivement la dot avec l'hérédité, on divisera ensuite cette masse de biens par portions égales. Si le partage qui a été effectué a donné à la sœur une part qui, réunie à la dot, forme une quo-

tité plus considérable qu'une de ces portions, tout ce qui excèdera sera donné au frère.

20. — Le rapport de la dot est régi par les mêmes règles que celui des biens ordinaires, sauf qu'il a lieu dans certains cas au profit des émancipés. La fille instituée héritière par son père ne doit pas rapporter sa dot, à moins d'une clause expresse du testament qui ordonne ce rapport (1). De même la fille ne doit pas rapporter, lorsqu'instituée héritière par son père elle ne vient à la succession qu'en vertu de la possession prétorienne *contrà tabulas* ou *undè liberi*, si la portion qu'elle obtient à ce nouveau titre n'est pas plus considérable que celle qui lui était assignée par le testament (2).

21. — La loi 10 au Code permet à la fille qui renonce à la succession pour s'en tenir à sa dot de ne pas rapporter, et même de contraindre les héritiers à livrer les biens qui composent sa dot s'ils n'ont été que promis par le père. La faculté de se soustraire au rapport par la renonciation est également accordée à l'émancipé.

22. — Nous revenons maintenant aux règles générales du rapport.

La charge de rapporter passe aux héritiers de ceux qui y sont soumis; l'héritier du fils émancipé doit, s'il accepte la succession de cet émancipé, rapporter tout ce que celui-ci eût rapporté s'il n'était pas mort (3). Mais le bénéfice du rapport doit-il passer aux héritiers de ceux à qui il est dû? Suivant Julien, il faut admettre la distinction suivante : si l'enfant qui est en puissance est mort après avoir obtenu la possession de biens, le fils émancipé est obligé de rapporter à l'héritier de cet enfant autant qu'il rapporterait à cet enfant lui-même s'il existait encore ; mais si l'enfant resté en puissance est venu à mourir avant d'avoir obtenu la possession de biens, son héritier ne pourra pas contraindre au rapport le fils émancipé, parce que dans ce cas la possession de biens n'a été ni demandée ni obtenue, et que le rapport n'a lieu qu'en-

(1) Cod. De coll. bon., l. 7.
(2) Dig. De coll. dotis, l. 3 et 5.
(3) Cujas. Comm. in Cod.

tre ceux qui ont demandé et obtenu la possession de biens (1). Cette règle n'est pas conforme à l'équité; aussi Cujas croit-il que dans ce cas il faut prendre un argument d'analogie dans la loi 10 du titre *De collatione bonorum* au Digeste, et décider que l'enfant émancipé est soumis au rapport envers l'héritier de son frère d'après l'esprit de l'édit, parce que le concours de l'enfant émancipé vient diminuer la part de l'héritier du frère resté en puissance (2).

La loi 1 au Digeste nous indique dans quelle proportion le rapport doit s'effectuer. L'enfant émancipé doit rapporter à chaque enfant resté en puissance une portion de ses biens propres égale en quotité à la portion qu'il lui enlève dans les biens de la succession paternelle, en vertu de la possession de biens qui lui est accordée par le préteur.

Ainsi, si nous supposons qu'un père décède *intestat,* laissant un fils héritier sien et un fils émancipé, celui-ci enlevant la moitié de la succession à son frère devra lui rapporter la moitié de ses biens. Si ce père a laissé un testament dans lequel il institue son fils en puissance héritier pour les trois quarts et un étranger pour l'autre quart, l'émancipé devra rapporter un quart de ses biens, parce qu'en faisant admettre la possession *contrà tabulas* il fait perdre à son frère un quart de la succession.

Supposons maintenant qu'un père ait un fils en puissance et un émancipé : un des fils de cet émancipé est resté en sa puissance, et il a adopté comme fils un autre fils de l'émancipé, né depuis l'émancipation. A l'ouverture de la succession, l'émancipé demande la possession *undè liberi.* L'hérédité sera partagée en trois parties : la première sera donnée au fils en puissance, la seconde au petit-fils adopté, la troisième sera donnée pour moitié au petit-fils retenu en puissance et pour moitié au fils émancipé (3). Celui-ci ne rapportera qu'au petit-fils avec lequel il partage le tiers de la succession, parce que c'est à lui seul qu'il cause pré-

---

(1) Dig. De coll. bon., l. 12.
(2) Cujas. Comm. sur le § 8 de la l. 1, de coll. bon.
(3) Digeste. De bon. poss. contrà tab., l. 3; de conjung emanc., l. 1.

judice; il lui rapportera la moitié de ses biens, parce qu'il le prive de la moitié de la part héréditaire à laquelle il avait droit d'après le droit civil.

24. — Il y a cependant deux cas dans lesquels l'enfant émancipé rapporte dans une proportion plus forte que sa part héréditaire.

Ainsi, supposons qu'un père ait laissé pour lui succéder deux fils en puissance et deux fils émancipés, et que tous demandent la possession de leurs biens *contrà tabulas*. Chaque émancipé prendra un quart de la succession puisqu'il y a quatre enfants pour la partager. D'après la règle que nous venons de formuler, ils devraient rapporter le quart de leurs biens; mais s'il en était ainsi, les émancipés rapporteraient aux émancipés, et nous avons vu qu'ils ne doivent rapporter qu'aux héritiers siens. Il faudra considérer, pour la question du rapport, les émancipés, quel que soit leur nombre, comme ne formant qu'une seule personne. Dans l'espèce, les émancipés, quoiqu'ils ne prennent qu'un quart dans la succession, devront néanmoins rapporter le tiers de leurs biens propres à chacun des enfants restés en puissance, car s'il n'y avait eu qu'un enfant émancipé et deux héritiers siens, cet émancipé aurait dû rapporter le tiers de ses biens propres à chacun des deux héritiers siens (1).

Le second cas est celui où la succession doit être recueillie par un fils resté en puisance et deux petits-fils émancipés issus d'un fils déjà mort. D'après le droit prétorien, ces petits-fils prennent chacun un quart de la succession puisqu'ils se partagent entre eux une moitié; cependant ils doivent le rapport non pas du quart, mais de la moitié de leurs biens. Ils rapportent une portion plus forte que leur part héréditaire, parce que les petits-fils issus d'un même père, en quelque nombre qu'ils soient, sont en tout considérés comme ne formant qu'une seule personne, aussi bien par le droit prétorien que par le droit civil : on ne compte pas par tête dans ce cas, mais par souche. Cette décision, du reste, est parfaitement conforme au motif d'équité qui a fait introduire le rapport, parce que si les petits-fils n'avaient pas été émancipés,

____

(1) Dig. De coll. bonorum, l. 2, § 5.

tout ce qu'ils ont acquis eût été partagé par moitié entre le fils et les deux petits-fils (1).

25. — Il peut arriver que l'émancipé ne conserve rien de ses biens propres ; ce n'est pas parce qu'il sera obligé de rapporter tous ses biens, mais parce qu'il doit le rapport à deux successions. Ainsi, supposons qu'une personne, *Primus*, ait un fils qu'elle émancipe ; *Secundus*, ce fils, a lui-même un fils *Tertius*, il l'émancipe. *Tertius* demande la possession *contrà tabulas* de la succession de *Primus* son grand père et de *Secundus* son père. Si chacun d'eux laisse un héritier sien, *Tertius* devra rapporter une moitié de ses biens à la succession de *Primus* et l'autre à celle de *Secundus* (2).

26. — Nous venons de développer cette règle que l'enfant émancipé rapporte à l'héritier sien en proportion de ce qu'il lui enlève ; mais faut-il, pour déterminer cette proportion, considérer l'universalité de la succession ou seulement la part héréditaire de l'héritier sien ? Cujas trouve sur ce point une contradiction entre la loi 1, § 3, *si ex sodrante* du titre *de collatione bonorum* au Digeste, et la loi 1, § 14, du titre *de conjung. cùm emanc.* Dans l'espèce du premier titre, on considère l'universalité de la succession, ainsi que nous l'avons vu plus haut ; dans l'espèce du second, au contraire, on considère la part héréditaire attribuée par le droit civil à l'héritier sien. Ainsi, le fils émancipé qui vient à la succession de son père en concours avec un frère héritier sien et deux enfants issus de lui, rapportera à ses fils la moitié de ses biens, quoiqu'il ne leur enlève que le quart de la succession. Au contraire, supposons qu'un émancipé n'ait qu'un frère soumis à la puissance paternelle, et que le père commun institue héritiers par testament son fils en puissance pour les trois quarts de sa succession et un étranger pour l'autre quart, l'émancipé ne rapportera qu'un quart de ses biens, quoiqu'il enlève le tiers de la part que le droit civil assigne à son frère (3).

Tel était le premier état de la législation romaine sur le rapport. On voit que cette institution n'était qu'une conséquence de

---

(1) Dig. De coll. bon., l. 2, § 7.
(2) Dig. De coll. bon., l. 2, § 6.
(3) Cujas. Commentaire sur le titre de coll. bon. au Digeste.

la fiction introduite par le préteur pour permettre aux émancipés d'hériter de leurs ascendants en même temps que les enfants restés en puissance, fiction qui consiste à considérer l'émancipation comme n'existant pas. Dans ce cas, en effet, tous les biens propres des émancipés eussent été acquis au père de famille et partagés par eux avec les héritiers siens, ainsi que cela avait lieu en vertu de l'édit sur le rapport. Cet effet de la fiction ne se produisait cependant pas dans tous les cas où la possession de biens était admise, car nous venons de voir qu'il fallait qu'il en résultât un préjudice pour l'héritier sien.

§ II. — *Dans quel cas a lieu le rapport, à quelles personnes il doit être fait sous la législation dite impériale.*

27. — Pendant l'époque que nous venons de parcourir, l'obligation de rapporter est basée sur cette idée : réparation du préjudice causé aux héritiers légitimes par l'introduction du droit prétorien dans la dévolution des successions. Aussi nous avons vu que le rapport n'y est dû, sauf en ce qui concerne la dot, que par des enfants émancipés. A l'époque impériale, le but du rapport change complètement : il tend à établir l'égalité entre les enfants. Nous allons trouver la charge de rapporter étendue, pour certaines choses d'abord, aux enfants restés en puissance, tant à l'égard des autres enfants restés en puissance qu'à l'égard des enfants émancipés qui viennent à la succession au moyen de la succession *contrà tabulas* ou *undè liberi ;* nous allons voir enfin toute distinction disparaître entre les enfants émancipés et les enfants soumis à la puissance paternelle.

28. — L'édit du préteur n'assujétissait la fille en puissance à rapporter la dot qu'elle avait reçue, que lorsqu'elle demandait la possession de biens pour venir à la succession paternelle. Antonin-le-Pieux décida que la fille restée en puissance rapporterait la dot qu'elle aurait pu recevoir, aussi bien lorsqu'elle hériterait en vertu du droit civil, que lorsqu'elle demanderait la possession *contrà tabulas* ou *undè liberi* (1).

____

(1) Dig. De coll. dot., l. 1.

Léon I ordonna que la donation à cause de noces serait, comme la dot, sujette à rapport, alors même qu'elle serait faite à un héritier sien (1).

29. — Cet empereur introduisit le rapport dans la ligne maternelle; il décida que les enfants arrivant *ab intestat* à la succession d'un de leurs ascendants maternels devraient rapporter la dot ou la donation à cause de noces qui avait pu leur être faite par l'ascendant maternel dont ils venaient partager la succession (2). Ce ne fut plus la crainte de causer un préjudice aux enfants en puissance par l'intervention des émancipés qui dicta la constitution de l'empereur Léon, car tous les enfants, soit en puissance, soit émancipés, étaient appelés à la succession des ascendants maternels avec un droit égal, en vertu du sénatus-consulte Orpytien (3) et des constitutions impériales ; ce fut le désir d'établir l'égalité entre tous les enfants qui venaient partager une même succession.

30. — Nous avons vu que d'après l'édit du préteur le rapport n'avait pas lieu dans les successions testamentaires, à moins que le testateur ne l'eût formellement ordonné. Justinien, dans sa Novelle 18, prescrivit au contraire le rapport dans la succession testamentaire toutes les fois que le testament ne renfermait pas de dispense. Il supposa que la volonté du testateur était d'établir l'égalité entre les différentes personnes qu'il appelait à sa succession, et que pour arriver à ce but il voulait que le rapport eût lieu; que s'il ne l'avait pas expressément ordonné, c'est qu'il avait oublié les dons qu'il avait fait précédemment. Cette présomption tombait, comme nous l'avons dit, lorsque le testateur avait déclaré qu'il entendait dispenser ses héritiers de l'obligation de rapporter. Cette déclaration de dispense n'avait pas besoin d'être expresse ni faite dans des termes sacramentels, il suffisait quelle résultât de l'ensemble et de la nature des dispositions que renfermait le testament. Ainsi, lorsqu'un testateur a partagé tous ses biens entre ses enfants et qu'il a assigné une part plus

(1) Code. De coll., l. 17.
(2) Cod. De coll., loi 17.
(3) Inst. de Justinien, livre 3, titre 4, § 2.

forte à ceux qui n'ont rien reçu de lui pendant le cours de sa vie, tandis qu'il a donné une part moins consi'' .able à ceux auxquels il a constitué une dot ou fait d'autres avantages, il ne devra pas y avoir de rapport, parce qu'il est évident que le 'estateur a eu l'intention d'en dispenser ses héritiers donataires (1).

31. — Le legs n'est point assujetti au rapport par la Novelle 18 lorsqu'il a été fait par un ascendant au profit d'un héritier testamentaire. Il est impossible, en effet, de présumer que le testateur a eu l'intention d'obliger à rapporter celui en faveur duquel il l'a fait, car dans ce cas le legs n'aurait pas de but. L'oubli n'est pas admissible comme pour les donations qu'il a faites antérieurement, puisque les legs sont contenus dans le testament même qui renferme l'institution d'héritier.

32. — La Novelle 118 de Justinien appela les descendants à la succession des ascendants avec un droit égal, qu'ils fussent émancipés ou qu'ils fussent en puissance ; il en résulta que le rapport fut fait par les uns et par les autres et dut profiter à tous les enfants indistinctement. Il en résulta aussi que le rapport n'eut plus lieu dans certains cas où il était obligatoire, d'après l'édit du préteur. Ainsi le père ne dut plus rapporter à son fils, parce que la disposition du droit ancien qui appelait les petits-fils soumis à la puissance paternelle de leur aïeul à prendre part à la succession de cet aïeul, conjointement avec leur père, fut abolie.

33. — A aucune époque de la législation romaine le rapport ne fut obligatoire dans les successions déférées aux ascendants et aux collatéraux, à moins que le défunt n'eût déclaré qu'il voulait qu'il fût effectué par ses héritiers.

____

(1) *Woet. ad pandectas*, de coll. bon.

CHAPITRE III.

QUELLES CHOSES SONT OU NE SONT PAS SOUMISES AU RAPPORT.

—

§ 1. — *Quelles choses sont ou ne sont pas soumises au rapport à l'époque des jurisconsultes classiques.*

La première règle à observer pour savoir quelles choses sont ou ne sont pas soumises au rapport est celle-ci : tous les biens que le descendant émancipé eût acquis pour son propre compte et qui ne fussent point tombés dans le patrimoine du chef de famille, s'il était resté en puissance, doivent être conservés par lui ; tous ceux au contraire qu'il eût acquis au chef de la famille s'il n'eût point été émancipé, doivent être rapportés à la masse de la succession.

Dans l'origine, les fils de famille ne pouvaient avoir personnellement la propriété d'aucun bien ; tout ce qu'ils acquéraient faisait partie du patrimoine du chef de famille. Plus tard, il leur fut permis de conserver la propriété des choses qu'ils acquéraient à l'occasion du service militaire, telles que le butin fait sur l'ennemi, les objets d'équipement fournis par le père ou les amis, la solde payée par l'Etat. On donna à ces biens le nom de pécule *castrense.*

Tous les biens qui eussent été compris dans le pécule *castrense* des émancipés s'ils étaient restés en puissance, ne doivent point être rapportés par eux lorsqu'ils sont admis à la succession de leur ascendant en concours avec leurs frères soumis à la puissance paternelle.

36. — Une autre conséquence du principe que nous avons exposé en commençant ce chapitre, c'est que l'émancipé ne doit pas rapporter les biens qu'il n'a acquis que depuis le décès de l'ascendant à la succession duquel il vient (1).

(1) Cod. De coll. bon., loi 16.

37. — Il y a cependant des biens qui, quoiqu'acquis depuis la mort de celui dont on demande la possession de biens, sont sujets à rapport. Ainsi, le petit-fils posthume, qui demande au nom de son père la possession des biens de son aïeul, doit rapporter ses biens propres, quoiqu'on ne puisse pas dire qu'il eût des biens au moment du décès, puisqu'il n'était pas alors au monde. Il peut arriver qu'il acquière des biens entre le jour du décès de son aïeul et celui de sa naissance, si pendant ce temps son père vient à mourir en lui laissant sa succession entière ou seulement un legs (1).

38. — L'émancipé fait prisonnier par l'ennemi, qui, ayant recouvré sa liberté depuis la mort de son père, est admis à sa succession, doit rapporter les biens qu'il a recouvrés en vertu du droit de *retour*, c'est-à-dire ce qu'il aurait eu à la mort de son père s'il n'avait pas été fait prisonnier. Il en est de même lorsqu'un émancipé, prisonnier de guerre, a été racheté par une personne qui le retient en quelque sorte en gage, jusqu'à ce qu'il lui ait payé la somme qu'elle a déboursé pour son rachat. Cette sorte de droit sur la personne avait été créé pour encourager le rachat des prisonniers de guerre; il finissait par le paiement du prix déboursé, par le laps de cinq ans, ou enfin lorsque le créancier abusait de son droit sur la personne du captif (2).

39. — Le rapport est encore dû de tout ce qui est obvenu à l'émancipé depuis la mort de celui dont il demande la succession en vertu de la possession de biens, lorsque ces choses sont plutôt considérées comme retenues dans son bien que comme acquises de nouveau, ainsi que cela a lieu dans l'espèce suivante. Supposons qu'un fils émancipé ait lui-même un fils qui possède un pécule *castrense* : cet émancipé, lorsqu'il viendra prendre part à la succession de son père, ne devra pas rapporter le pécule *castrense* de son fils. Supposons maintenant que ce fils soit mort depuis son aïeul, mais avant que son père ait effectué le rapport; le père devra rapporter le pécule *castrense* de son fils, parce que l'origine de la propriété de ce pécule est considérée

(1) Dig. De coll. bon., l. 2.
(2) Dig. De coll. bon., l. 1, § 17.

comme remontant avant le décès de son fils. En effet, lorsque les constitutions des empereurs permirent aux fils de famille de jouir de leur pécule *castrense*, comme s'ils étaient *sui juris*, elles ne détruisirent pas complétement les droits du chef de famille sur ces biens, elles les subordonnèrent seulement aux droits des fils ; en sorte que quand ceux-ci en ont disposé pendant leur vie ou par leur testament, le chef de famille ne peut rien réclamer, mais quand ils les ont laissés intacts à leur mort, ce dernier est considéré comme en ayant toujours conservé la propriété entière.

40. — Si un fils en puissance institue son père héritier en lui substituant quelqu'un, la renonciation que fait ce père à l'hérédité qui lui est attribuée ne l'empêche pas d'être obligé de rapporter le pécule *castrense* de son fils lorsqu'il hérite de son père dans les mêmes conditions que ci-dessus. Il doit rapporter, parce que si la propriété de ces biens ne lui reste pas c'est qu'il le veut bien, et que l'on doit le rapport de ce que l'on a perdu par sa faute (1).

41. Le fils émancipé doit rapporter ce qui lui est dû sous condition en vertu d'un contrat, quand même la condition ne viendrait à se réaliser qu'après la mort de l'ascendant, parce que dans les contrats conditionnels le droit se fixe au moment même du contrat.

Il en est autrement dans les legs conditionnels; le droit ne se fixe qu'au moment même de l'accomplissement de la condition. Si donc un legs conditionnel a été fait à un émancipé et si la condition ne se réalise qu'après la mort de l'ascendant, le rapport ne sera pas dû, parce que les biens composant le legs n'eussent pas été acquis à cet ascendant si l'émancipé fût resté en puissance (2).

Le legs payable au jour de la mort du père doit être rapporté par le fils émancipé, car l'instant où l'on meurt est encore réputé le temps de la vie; par conséquent, si le fils eût été en puissance de son père il le lui eût acquis. Il n'en est pas de même du

(1) L. 1, § 22 au Dig., de coll. bonorum.
(2) Dig. De coll. bon., l. 2, § 3.

fidéicommis. Si un père, ayant été institué par quelqu'un, a été en même temps chargé d'un fidéicommis envers un de ses fils, payable *lors de sa mort*, le fils ne sera pas tenu, quand il viendra à la succession de son père, de rapporter les biens dont se compose ce fidéicommis, parce que lors de la mort de son père ils ne lui appartenaient pas encore. Il était admis que les fidéicommis pouvaient être laissés après la mort de l'héritier qui en était grevé, tandis que le legs ne le pouvait pas. La condition *cum moriretur* était même interprétée, dans ces sortes de dispositions, dans le même sens que celle *post mortem*, parce qu'on recherchait plutôt la volonté du testateur que le sens grammatical des mots, et que cette volonté était évidemment de faire acquérir la propriété du fidéicommis au substitué, lorsque l'héritier aurait cessé de vivre (1).

42. — Le fils émancipé qui a reçu une dot de sa femme la distraira des biens qu'il est tenu de rapporter, lors même que sa femme serait morte avant l'ouverture de la succession de l'ascendant, parce que la dot est constituée pour supporter les charges du mariage. La position de l'émancipé sera du reste, dans ce cas, la même que celle du descendant soumis à la puissance paternelle, car lui aussi conserve en propre la dot qui a été constituée à sa femme (2).

43. — On excepte du rapport tout ce que l'émancipé a eu pour acquérir une dignité et ce qui lui est donné à l'occasion de cette dignité. Papinien pense que l'émancipé peut retenir ces biens par sorte de prélèvement ou de préciput à cause des charges inséparables de la dignité qu'il occupe. Si la somme que le père s'est engagé à donner à cet effet est encore due, tous les héritiers devraient contribuer à la payer pour une part porportionnelle à leur part héréditaire, de manière qu'elle ne soit pas seulement supportée par celui qui a occupé la dignité (3).

44. — Parmi les actions dues à l'émancipé, les unes sont sujettes à rapport, les autres ne le sont pas; ainsi l'action d'in-

(1) Dig. De coll. bon., l. 1, § 20.
(2) Dig. De coll. bon., l. 3, § 4; et l. 1, § 21.
(3) Dig. De coll. bon., l. 1, § 16.

jures ne se rapporte pas, parce qu'elle a plutòt pour objet d'obtenir satisfaction de l'injure qui nous est faite que de poursuivre le recouvrement d'une somme qui nous est due, et qu'elle n'est pas transmissible aux héritiers. L'action de vol, au contraire, se rapporte, parce que c'est une action pécuniaire et qu'elle est transmissible (1).

45. — Lorsque, suivant le rescrit d'Antonin, il est dû à l'impubère le quart des biens dans la succession de celui qui l'a adrogé et émancipé ensuite sans juste motif, cet impubère, lorsqu'il demandera la possession des biens de son père naturel, devra-t-il rapporter? La question consiste à savoir s'il laisse ou non à son héritier l'action à l'effet de demander ce quart; car comment pourrait-il transmettre à des étrangers ce qu'il ne peut même pas transmettre à son propre héritier? Il est admis que c'est une action qui n'est point inhérente à la personne, qui par conséquent est transmissible; l'émancipé devra donc la rapporter, c'est-à-dire donner caution de rapporter les biens qu'elle lui procurera. Mais cette caution ne devra être donnée que si l'adrogeant est mort au moment du décès du père naturel; s'il n'était pas mort à cette époque, elle ne pourra être exigée, parce que l'espérance que l'on a que ce quart sera sujet à rapport est prématurée, puisque celui qui le doit et sur les biens duquel il sera pris vit encore (2).

46. — Les enfants émancipés ne sont tenus de rapporter aux enfants restés en puissance leurs biens que déduction faite des dettes qui les grèvent; mais il ne faut pas compter parmi les dettes à déduire ce que l'émancipé doit sous condition, car on ne doit pas, à proprement parler, ce que l'on doit sous condition. Toutefois, celui à qui l'émancipé fera le rapport des biens qu'il doit conditionnellement devra donner caution de restituer ces biens dans le cas où la condition qui rend la dette exigible viendrait à se réaliser (3).

Le rapport est dû des biens dont l'émancipé a perdu la pro-

(1) Dig. De coll. bon., l. 2, § 4.
(2) Dig. De coll. bon., l. 1, § 21.
(3) Dig. De coll. bon., l. 2, § 1.

priété par mauvaise foi, mais il ne l'est pas de ceux qu'il a négligé d'acquérir quand il pouvait le faire. La circonstance de mauvaise foi ne change rien à notre décision sur le second cas, parce que la mauvaise foi de l'émancipé a fait tort à lui-même (1).

48. — Mais que décider relativement aux biens qui étaient possédés par l'émancipé au moment du décès de l'ascendant, et qui sont venus à périr avant que le rapport ne fût effectué : lorsqu'on ne peut imputer aucune faute à l'émancipé, ce dernier devra-t-il supporter seul cette perte, ou devra-t-elle être partagée entre lui et les héritiers légitimes? Suivant l'opinion de la plupart des jurisconsultes, ce qui a péri sans qu'il y ait mauvaise foi ou faute de la part de l'émancipé n'est point sujet à rapport. C'est ainsi qu'il faut décider d'après les termes mêmes de l'édit du préteur, qui veut que le rapport se fasse sur l'arbitrage d'un homme de bien ; car un homme de bien judicieux n'ira pas dire qu'on est tenu de rapporter ce que l'on n'a pas et ce que l'on a cessé de posséder sans fraude ni mauvaise foi (2).

49. — Que doit-on décider relativement aux fruits produits par les choses qui sont sujettes à rapport? Il ne peut s'élever de question que pour ceux qui sont postérieurs à l'ouverture de la succession. En effet, tous ceux qui ont été produits pendant la vie de l'ascendant ont été consommés par l'émancipé pour son entretien ou ont été capitalisés. Les premiers ne doivent pas être rapportés aux enfants soumis à la puissance, puisqu'ils ont été entretenus aux dépens du patrimoine du chef de famille; les seconds sont rapportés de droit comme faisant partie des biens de l'émancipé. Les fruits des biens sujets à rapport produits depuis la mort du chef de famille doivent être rapportés par les émancipés, parce que ceux-ci viennent prendre part aux fruits produits depuis le jour du décès par les biens qui composent la succession (3).

50. — Nous avons vu dans notre chapitre second que la fille restée en puissance avait été assujettie d'abord par le préteur à

(1) Dig. De coll. bon. l. 1, § 23.
(2) Dig. De coll. bon., l. 2, § 2.
(3) Dig. De coll. dot., l. 5, § 1.

rapporter la dot à elle constituée lorsqu'elle venait à la succession paternelle en demandant la possession de biens, puis, par l'empereur Antonin, à effectuer ce rapport sans distinction des cas où elle demandait la possession de biens et de ceux où elle héritait en vertu de droit civil. Nous avons vu aussi que ce rapport devait être fait tantôt à tous les héritiers indistinctement, tantôt aux héritiers siens seulement. La dot *profectice* se rapporte à tous les héritiers, la dot *adventice* ne se rapporte qu'aux héritiers siens. *Profectice* veut dire qui vient du père, *adventice* qui vient de toute autre source. La loi 4 au Code, titre *De collatione*, semble contraire à cette définition et dire que l'un comme l'autre proviennent du père. Mais ce n'est pas le véritable sens de cette loi ; elle veut dire que le rapport doit avoir lieu soit que la dot ait été donnée par le père, soit qu'elle été seulement promise (1).

51. — Lorsque la dot a été constituée au profit d'une fille émancipée, le rapport se fait suivant les règles ordinaires ; les frères et sœurs de l'émancipé qui sont restés en puissance ont le droit d'exiger le rapport de tous les biens dotaux, sans distinction de leur origine ; les émancipés, au contraire, n'ont droit à aucun rapport.

52. — La fille ne rapporte pas seulement la dot qu'elle a reçue ; nous avons vu tout à l'heure que la loi 4 au Code l'assujettit à rapporter celle qui lui a été seulement promise par son père. Ce dernier rapport s'effectue en libérant les cohéritiers de la part pour laquelle ils sont tenus d'effectuer le paiement en vertu de la promesse du père. Mais si la dot a été promise par des étrangers, la fille doit donner caution de rapporter.

53. — La dot doit-elle être rapportée par la fille quand le mariage subsiste encore au moment où le rapport doit s'effectuer ? Cette question présente des difficultés, parce que tant que dure le mariage la dot est la chose du mari, et il semble injuste de contraindre la femme à rapporter des choses qu'elle ne possède pas. Si on assujettit la fille à rapporter sa dot, on serait porté à croire qu'on devrait lui donner le droit de la répéter contre son mari ; or elle n'a pas ce droit, elle ne peut la ré-

____

(1) Donellus in Cod, de coll. bon.

clamer en principe qu'à la dissolutiou du mariage; ce n'est que dans des cas exceptionnels, notamment quand le mari tombe dans l'indigence, qu'elle peut la réclamer pendant la durée du mariage (1).

Il faut cependant se décider pour l'affirmative; et l'injustice qui semble résulter de cette décision n'est qu'apparente, parce que le droit qui est accordé au mari sur les biens dotaux pendant le mariage n'empêche pas que ces biens ne fassent partie du patrimoine de la femme, puisque les revenus qu'ils produisent sont perçus par le mari pour supporter les charges du mariage, qui sont communes au mari et la femme. La femme ne peut pas se plaindre de ce que ce rapport vient l'appauvrir, car elle trouvera dans la succession, si elle est bonne, une compensation à la perte qu'elle éprouve, et si elle est mauvaise, elle pourra conserver sa dot en renonçant. Si le mari est insolvable au moment où le rapport doit s'effectuer, on ne pourra pas contraindre la femme à rapporter plus qu'elle n'aura reçu (2).

Telles étaient les dispositions qui régissaient le rapport, considéré au point de vue des biens auxquels il s'applique, pendant que le droit prétorien fut en vigueur; mais les constitutions impériales, surtout celles de Justinien, apportèrent sur cette matière de grandes modifications.

§ II. — *Quelles choses sont ou ne sont pas soumises au rapport à l'époque impériale.*

54. — Le principe qui domine la distinction des biens qui sont ou qui ne sont pas soumis au rapport à cette époque varie selon que cette obligation est imposée aux émancipés en raison de leur qualité d'émancipés, ou qu'elle est au contraire imposée aux descendants en raison de leur qualité de descendants. Dans le premier cas, il est le même qu'à l'époque précédente, c'est-à-dire qu'il distingue entre les biens qui eussent été acquis à la succession sans l'émancipation, et ceux qui fussent restés propres

(1) Cod. De coll., l. 19.
(2) Dig. De coll. dotis, l. 1, § 5.

aux héritiers siens. Dans le second, il distingue entre les biens des descendants qui sont sortis du patrimoine de leur père et ceux qui proviennent de tout autre source : les premiers seuls sont soumis au rapport, parce que la loi ne désire établir l'égalité entre les descendants qu'en ce qui concerne le partage des biens de leur ascendant.

Constantin établit, au profit des fils de famille, un deuxième pécule à l'imitation du pécule *castrense*. Il se composait des biens acquis en exerçant quelque fonction près de l'empereur, en occupant une charge ou une dignité, en plaidant au Forum ou en s'adonnant aux arts libéraux. Ce pécule prit le nom de pécule *quasi-castrense*. Les biens qui eussent été compris dans le pécule *quasi-castrense* des émancipés, s'ils étaient restés en puissance, ne durent dès lors plus être rapportés par eux lorsqu'ils furent admis à la succession de leur père.

55. — Plus tard, cet empereur restreignit les droits du père de famille sur les biens des enfants soumis à sa puissance en ordonnant que les biens recueillis par ceux-ci dans la succession de leur mère, soit par testament, soit *ab intestat,* leur resteraient propres quant à la nue propriété : le père de famille ne conserva plus pour lui que l'usufruit. Les empereurs Honorius et Arcadius étendirent ces dispositions aux biens qui provenaient des ascendants maternels à quelque degré qu'ils fussent. Enfin, Théodore et Valentinien décidèrent que tous les biens qui seraient acquis au mari non émancipé par sa femme, et réciproquement à la femme non émancipée par son mari, ne feraient plus partie du patrimoine du chef de famille.

56. — Tous les biens ainsi réservés aux enfants restés en puissance formèrent le pécule *adventice,* ainsi nommé par opposition à un quatrième pécule appelé *profectice* par les commentateurs, et qui se composait des biens appartenant en propre au père, et dont celui-ci abandonnait à ses enfants seulement l'administration et la jouissance.

57. — Justinien augmenta encore le nombre des biens qui faisaient partie du pécule *adventice;* il rangea dans cette catégorie tout ce que les fils de famille acquéraient par une cause quelconque, pourvu que ces choses ne provinssent pas de la fortune

même du père, ou qu'elles ne fussent pas acquises à l'occasion du père. Il ordonna que tous ces biens ne seraient plus acquis au père de famille que pour l'usufruit. Dès lors, tous les biens qui eussent composé le pécule *adventice* de l'émancipé, s'il était resté en puissance, ne furent plus soumis au rapport, par le même motif qui en avait fait dispenser le pécule *castrense* et *quasi-castrense*.

58. — Nous avons vu que le rapport fut introduit par l'empereur Léon I dans la succession maternelle. Ici le second principe que nous avons énoncé au commencement de la section commence à recevoir son application. On considère pour déterminer les biens soumis au rapport s'ils sont ou non sortis du patrimoine de l'ascendant dont la succession est ouverte. Ainsi, lorsqu'un descendant vient prendre part à la succession d'un de ses ascendants maternels, il est obligé de rapporter à ses cohéritiers ce qu'il a reçu antérieurement de cet ascendant à titre de libéralité.

59. — Le rapport de la dot subit les mêmes modifications que le rapport des autres biens, la dot *profectice* seule dut être rapportée. Justinien, par ses Novelles, vint encore apporter des changements aux règles du rapport des biens dotaux. La femme, avant cet empereur, n'avait été obligée de rapporter que les biens que son mari n'avait pas dissipés au moment du rapport. C'était justice, puisqu'elle n'avait pas le droit de répéter sa dot pendant l'existence du mariage, sauf le cas de ruine. Justinien accorda à la fille le droit de réclamer sa dot pendant le mariage lorsque le mari menaçait de devenir insolvable ; dès lors elle dut rapporter sa dot en entier, parce que si elle ne la recouvrait pas c'était le résultat de sa négligence, et que les tiers ne devaient pas en supporter les conséquences.

60. — Une distinction est cependant faite par la Novelle entre la fille émancipée et celle qui est en puissance. S'il s'agit d'une fille émancipée âgée de vingt-cinq ans, elle devra rapporter intégralement, malgré l'insolvabilité de son mari, parce qu'elle avait le droit de répéter sa dot pendant le mariage ; si elle refuse d'effectuer le rapport, on devra l'écarter de la succession. S'il s'agit d'une fille en puissance, elle ne rapportera que ce qu'elle retirera de son mari, parce qu'elle n'avait pas le droit de répéter

sa dot pendant le mariage sans le consentement de son père. Quelques commentateurs ont exprimé un doute sur le point de savoir si ce consentement était nécessaire pour la répétition de la dot *adventice,* mais le plus grand nombre ne font pas de distinction entre les deux cas. Lors donc qu'il y aura mauvaise gestion du mari, il faudra savoir, pour connaître l'étendue de l'obligation de la fille, si son père a consenti ou n'a pas consenti à se qu'elle réclamât sa dot. S'il a consenti et qu'elle ait négligé de réclamer, elle devra rapporter tous les biens dotaux, malgré l'insolvabilité de son mari ; si le père a refusé son consentement, ses cohéritiers ne pourront exiger d'elle que le rapport de l'action qu'elle a contre son mari, parce qu'elle n'a aucune faute à se reprocher.

61. — Il y a cependant un cas où la fille restée en puissance ne peut être excusée par le non consentement de son père, et où elle est obligée de rapporter sa dot tout entière, malgré l'insolvabilité de son mari : c'est lorsque cette dot est considérable, parce que dans ce cas elle a le droit de la répéter pendant le mariage sans l'intervention de son père. Mais que doit-on entendre par une dot considérable ? Quelques commentateurs croient qu'on désigne ainsi celle dont la perte ne peut être compensée par le reste des biens de la succession à laquelle le rapport est dû ; d'autres pensent que c'est celle qui se compose d'au moins cent livres (1).

62. — Les dons autres que la dot et la donation à cause de noces, qui ont été faits à l'occasion d'un mariage, sont soumis au rapport lorsqu'ils sont importants et qu'ils procurent aux enfants un avantage durable ; ainsi, les bijoux, les pierres précieuses, les vêtements devront être rapportés.

63. — Ce qui a été dépensé par le père pour procurer un établissement à son fils est sujet au rapport ; il en est autrement, ainsi que nous l'avons vu, de ce qui a été donné pour acquérir une dignité ou pour en soutenir les charges.

Les aliments et les frais d'entretien et d'éducation fournis aux

____

(1) Cujas. De coll. dotis, au Digeste.

enfants ne doivent pas être rapportés, car c'est une obligation pour le père de nourrir et d'élever ses enfants (1).

64. — Les biens sujets à rapport qui ont été aliénés par l'héritier n'en doivent pas moins être rapportés, sinon individuellement puisque l'aliénation qui en a été faite est valable, au moins leur estimation. La question du rapport des biens aliénés ne pouvait se présenter sous le droit prétorien, parce qu'alors tous les biens *adventices* étaient sujets à rapport, et toutes les choses que l'émancipé aliénait étaient remplacées par d'autres biens reçus en échange, ou par le prix de la vente.

65. — Les enfants émancipés sont assujettis, sous le droit nouveau, à rapporter les revenus qu'ils ont perçus sur leurs biens adventices pendant la vie de leur père ; autrement ils auraient une position meilleure que celle des enfants restés en puissance, puisqu'ils conserveraient en propre des revenus qu'ils auraient acquis au chef de famille s'ils n'eussent pas été émancipés. Toutefois, Vinnius pense que le rapport de ces revenus doit éprouver une réduction, parce que les enfants en puissance ont reçu des aliments de leur père, tandis que les émancipés ont dû pourvoir eux-mêmes à leur subsistance.

66. — La donation entre-vifs simple, faite aux enfants par les ascendants, est-elle ou n'est-elle pas soumise au rapport, alors que le bien donné n'a pas été donné aux enfants pour faire partie de leur pécule *profectice*?

La solution de cette question nécessite des distinctions entre les différentes époques de la législation. Dans l'origine, la donation entre-vifs faite par un père au fils qu'il avait sous sa puissance ne produisait aucun effet juridique, il ne pouvait donc pas être question de rapport. Plus tard, cette donation se trouva confirmée par la mort du donateur, s'il avait manifesté la volonté de persévérer dans sa libéralité jusqu'au moment du décès. Dans ce cas, les biens qui faisaient l'objet de la donation n'étaient acquis au fils qu'après le décès de son père, et par conséquent n'étaient pas rapportables.

67. — La donation faite par un ascendant maternel a un fils

(1) Dig., *De agn. et al. liberis*, l. 5, § 12.

en puissance fut acquise dans le principe au chef de famille ; plus tard, le fils de famille put acquérir pour son propre compte la propriété des biens ainsi donnés qui composèrent son pécule *adventice*. Dans l'un comme dans l'autre cas il ne devait pas y avoir rapport à la succession du chef de famille ; les règles que nous avons formulées dans notre chapitre s'y opposaient.

La donation faite à un fils émancipé produisait son effet immédiatement, qu'elle provint du père ou d'un ascendant maternel ; l'une et l'autre furent d'abord soumises au rapport, la seconde en fut dispensée depuis la constitution du pécule *adventice*.

68. — Justinien ordonna que les donations faites par le père à ses enfants en puissance seraient confirmées par la mort seule du donateur lorsqu'elles n'auraient point été révoquées avant cette époque ; cette confirmation rétroagissait au jour où la donation avait été faite.

Cette donation devait-elle être rapportée ?

Pour répondre, il faut d'abord considérer la nature de la donation. Si elle est rémunératoire, il ne peut être question de rapport, parce que ce n'est pas à proprement parler une libéralité ; c'est le prix d'un service rendu, qui eût été aussi bien payé à un étranger qu'à un fils de famille : ces biens doivent être considérés comme faisant partie du pécule *adventice*. Si c'est une libéralité pure et simple, selon Woët et plusieurs commentateurs, elle ne doit pas être rapportée, selon Cujas, au contraire, elle doit l'être.

Woët appuie son opinion sur le § 1 de la loi 20 du titre *De collationibus* au Code. Dans cette loi, Justinien signale comme exceptions deux cas dans lesquels la donation simple est soumise au rapport ; celui dans lequel le donateur a lui-même déclaré soumettre sa libéralité au rapport, et celui où un autre des enfants est obligé à rapporter une dot ou une donation à cause de noces, parce que dans ce cas l'ascendant, en faisant une donation simple, semble avoir voulu faire seulement à l'enfant donataire une position semblable à celle de l'enfant qui a reçu la dot ou la donation à cause de noces. Ces deux cas étant présentés comme exceptionnels, il s'ensuit qu'en principe la donation simple n'est pas rapportable. On peut encore citer dans ce sens la loi 18 au titre *familiæ erisundæ* au Code, dans laquelle il est dit que la chose achetée par le père au nom de sa fille doit rester propre à celle-ci si le père n'a pas manifesté une intention contraire. Enfin, on invoque les lois 6 et 15 du titre *De collationibus*, desquelles il résulte que les choses acquises depuis le décès ne sont pas soumises au rapport, et l'on dit que les donations entre-vifs ne peuvent même sous Justinien être acquises au fils de famille qu'après le décès du père.

La loi 13 au Code présente un puissant argument contre ce système, car elle dit que la fille à qui un fonds a été donné par son père ne peut le conserver en propre. Woët répond qu'il ne s'agit pas dans cette loi d'une donation simple, mais d'une dot ou d'une donation à cause de noces, parce qu'on parle de biens acquis à la fille du vivant de son père, et que la fille en puissance ne peut avoir la propriété en fait de biens *profectices* que de sa dot.

Cujas, qui soutient l'opinion opposée, distingue entre le rapport dû à la succession de la mère et de l'ascendant maternel et le rapport dû à la succession du père. Selon lui, la donation faite par l'ascendant maternel est dispensée du rapport par la loi 20 *De collationibus*; mais rien ne prouve qu'il en soit de même de la donation faite par le père. La loi 18 *familiæ erciscundæ* s'applique à une donation confirmée par testament, laquelle donation était encore dispensée de rapport au moment où fut promulguée cette loi; la loi 13 *De collationibus* s'applique au contraire à une donation non confirmée par testament.

Cujas ne croit pas qu'au temps de Justinien la donation faite par le père au fils qu'il avait sous sa puissance ne lui fût acquise qu'après le décès du père; c'est par le décès qu'elle est confirmée, mais cette confirmation rétroagit au jour où la donation a été faite.

Lorsque la donation simple a été faite à un émancipé par le père, ou un ascendant paternel, elle doit être rapportée, parce que les enfants émancipés doivent rapporter aux enfants en puissance tous les biens *profectices* qu'ils ont au jour du décès de l'ascendant dont la succession est à partager, et qu'il n'est pas douteux que la donation simple ne soit du nombre de ces biens.

CHAPITRE IV.

COMMENT DOIT S'EFFECTUER LE RAPPORT, COMMENT ON PEUT ÊTRE CONTRAINT A L'EFFECTUER.

69. — D'après l'édit du préteur, le rapport doit se faire par caution, mais Pomponius dit qu'il peut se faire aussi en nature. Le rapport est fait en nature lorsque l'émancipé partage ses biens propres avec ses frères héritiers siens.

Le rapport peut se faire partie en nature, partie par caution ; il y a même des cas où il ne peut se faire autrement. Si tous les biens de l'émancipé sont connus, il lui suffit de les partager pour être libéré de son obligation ; mais s'il y en a de cachés ou si sa bonne foi est suspecte, le partage qu'il effectue ne suffit pas, il faut de plus qu'il donne caution (1).

Il y a encore un autre moyen d'effectuer le rapport, qui consiste en ce que l'émancipé prend en moins dans les biens de l'hérédité une quantité égale à celle qu'il doit rapporter (2).

70. — Lorsque l'émancipé donne caution, il doit donner une bonne caution, c'est-à-dire des fidéjusseurs ; il peut aussi se contenter de donner un gage. Quelques commentateurs ont cru qu'une simple promesse suffisait pour constituer une caution valable, et qu'il était inutile de donner des gages et des fidéjusseurs ; mais c'est à tort qu'ils ont émis cette opinion, car il est impossible de considérer une simple promesse comme une bonne caution. D'autres ont cru au contraire que la caution ne pouvait se donner que par fidéjusseurs ; ils s'appuient sur la loi 7 *De proh. stip.*, qui dit que les cautions du préteur doivent consister dans l'intervention d'un fidéjusseur, qu'il n'est pas suffisant de donner des gages ou de déposer de l'or et de l'argent. Le texte du § 11 de la loi

(1) Dig. De coll. bon., l. 1, § 11.
(2) Dig. De coll. bon., l. 1, § 12.

De collatione s'oppose à l'admission d'une semblable interprétation, car il dit que les gages suffisent. La loi 7 est faite pour des cas tout différents de celui qui nous occupe.

71. — Qu'arrivera-t-il si l'émancipé est trop pauvre pour rapporter? Supposons qu'un émancipé ait commencé par s'emparer de sa part de succession, ce qui peut arriver, car la loi 3 dit qu'on prélève sa part et qu'on ne rapporte qu'ensuite; les héritiers siens reprendront-ils les biens qui sont entre les mains des émancipés? On devra accorder un délai pour que l'émancipé trouve des fidéjusseurs, et pendant ce temps les enfants en puissance veilleront à la conservation des biens. Les objets qui sont susceptibles de se perdre ou de se détériorer par le temps seront vendus, et l'argent provenant de la vente sera conservé pour être restitué à l'émancipé lorsqu'il aura rapporté ou donné caution. Un curateur sera établi pour empêcher que l'émancipé ne commette de fraude.

72. — Lorsque l'émancipé sera en état de donner caution et que par mauvais vouloir il refusera de le faire, le préteur ne lui accordera pas la possession des biens de l'hérédité. S'il vient ensuite à changer d'avis et offre de donner caution, il sera réintégré dans ses droits. Il faudra pour qu'il en soit ainsi qu'il change d'avis en temps utile, c'est-à-dire dans l'année qui lui est accordée pour demander la possession de biens. Ainsi la position de l'émancipé est différente, selon qu'il peut ou qu'il ne veut pas donner caution (1).

73. — L'émancipé doit le rapport à tous ses frères : s'il ne l'effectue que vis-à-vis quelques-uns d'entr'eux, doit-on lui refuser les actions héréditaires pour toute sa part de succession ou seulement pour partie ? Il faut distinguer encore si c'est par mauvais vouloir ou par pauvreté qu'il refuse de donner caution : si c'est par mauvais vouloir, on devra lui refuser les actions héréditaires pour toute sa part, car celui qui ne rapporte pas à tous ceux à qui il doit ne fait pas un rapport valable ; si c'est par impossibilité, on ne lui refusera les actions héréditaires que pour partie.

(1) Dig. **De coll. bon.**, l. 1. § 9.

74. — Si l'héritier à qui l'émancipé doit rapporter est impubère et que son état de fils de famille soit contesté, il obtiendra la possession de biens dite *Carboniana*, qui lui permettra de conserver les biens de la succession jusqu'à ce qu'il soit parvenu à l'âge de puberté. La question d'état ne sera jugée qu'à cette époque. L'émancipé ne sera pas tenu de rapporter si l'impubère ne donne pas caution de restituer les biens de l'hérédité dans le cas où il succomberait dans la contestation d'état intentée contre lui (1).

75. — Il peut arriver qu'un émancipé se soit hâté de donner caution, et que plus tard il ait renoncé à demander la possession de biens. Dans ce cas, il n'aura pas à craindre que l'héritier sien exige de lui le paiement de ce qu'il a promis et cautionné de donner, car l'engagement qu'il a contracté devient sans effet dès que la possession de biens n'est pas admise. Il en sera de même si au lieu de donner caution l'émancipé a effectué le rapport ; il pourra réclamer la propriété de ce qu'il a rapporté par l'action dite *condictio indebiti*.

76. — Nous avons vu que le rapport se faisait par caution, c'est-à-dire par stipulation avec fidéjusseurs. L'émancipé promet qu'il rapportera, il s'engage purement et simplement ; mais on ne pourra pas exiger de lui un rapport immédiat ; on lui accordera un délai en vertu de la loi 5 du titre *De collatione*, qui veut que le rapport se fasse d'après l'avis d'un homme de bien (2).

77. — Les enfants soumis au rapport peuvent-ils se libérer de leur obligation en rapportant l'estimation de la chose sujette à rapport, ou doivent-ils rapporter la chose elle-même ? La loi 1 du titre *De collatione* semble donner le choix à l'enfant soumis au rapport, mais plusieurs commentateurs croient qu'il faut décider le contraire et obliger l'héritier à rapporter la chose elle-même. L'enfant assujetti au rapport doit être assimilé à un débiteur, et un débiteur ne se libère pas en payant une chose pour une autre. Mais si la chose sujette à rapport avait été aliénée, l'enfant pourrait se libérer de son obligation en offrant de payer la valeur que

(1) Dig. De coll. bon., l. 3.
(2) Dig. De coll. bon., l. 3, § 3.

la chose représente le jour où le rapport doit être fait. Il faudrait décider dans le même sens si le rapport effectué en nature devait causer un préjudice à celui qui y est assujetti, parce que les objets qu'il doit rapporter ont pour lui une valeur plus grande que celle qu'ils auraient pour tout autre ; comme, par exemple, des livres dans lesquels il aurait déjà travaillé et qui lui sont pour cela plus précieux et plus utiles.

DEUXIÈME PARTIE.

Du rapport à succession dans l'ancien droit français.

—

1. — Les provinces de France qui se gouvernaient par le droit écrit adoptèrent sans restriction, en matière de rapport, les règles qui formaient le dernier état de la législation romaine. Le rapport fut également admis dans le plus grand nombre des pays coutumiers; quelques coutumes cependant le rejetèrent formellement, d'autres ne l'acceptèrent qu'avec des modifications et des principes que ne comportait pas le droit romain.

Dans les coutumes qui ne prescrivaient aucune règle particulière relative au rapport, on devait, selon Ricard, se conformer aux règles du droit romain. « On n'en peut suivre d'autres, dit cet auteur, par cette raison que l'on a tiré du droit romain les principes de la matière des donations tant entre-vifs que testamentaires, et que ce n'est pas le cas où l'on puisse, pour l'interprétation d'une coutume, avoir recours à la coutume voisine, ce qui ne peut avoir lieu que quand les deux coutumes que l'on prétend expliquer l'une par l'autre ont des dispositions conformes, et que l'une se trouve moins étendue que l'autre; mais non pas lorsqu'une coutume ne dit absolument rien sur une matière, comme dans l'espèce proposée. »

2. — Les coutumes qui rejettent le rapport sont celles de Douai, d'Artois, de Hainaut et de Valenciennes. La coutume d'Artois porte, art. 148, « qu'en matière de succession on n'est tenu de faire rapport de ce qu'on aurait eu en avancement d'hoirie ou

autrement, de celui dont procède la succession. » Cette disposition, en excluant le rapport, porte atteinte aux droits du donateur, parce qu'elle comprend dans cette exclusion même les donations en avancement d'hoirie, qui cependant ne paraissent faites que par forme d'à-compte sur les successions à échoir.

Les coutumes de Douai, de Hainaut et de Valenciennes laissent au donateur la faculté de soumettre le donataire à l'obligation de rapporter. L'art. 107 de la charte de Hainaut dit : « On peut donner à son enfant ce que bon semble, et ne sera tel enfant tenu rapporter ledit avantage venant à la succession de son père ou de sa mère, n'est qu'il y ait devise au contraire par testament ou autre disposition postérieure. »

3. — Nous avons dit que plusieurs coutumes n'admettaient le rapport qu'avec certaines modifications ; on peut à ce point de vue les diviser en trois classes : celles de la première affranchissent de ce droit les donations en faveur de mariage, et y soumettent toutes les autres ; celles de la seconde en exemptent les donations ordinaires, et y assujétissent celles qui ont été faites par contrat de mariage ; celles de la troisième, sans considérer la nature des donations en elles-mêmes, en font dépendre le rapport de l'état où se trouvent les donataires au moment de l'ouverture de la succession.

La coutume de Chauny se trouve dans la première classe ; mais la disposition restrictive qu'elle contient n'est pas générale, elle ne porte que sur les donations d'effets mobiliers (art. 19).

La seconde classe comprend les coutumes de la châtellenie de Lille, de l'échevinage de Lille, de Douai et d'Orchie.

La troisième classe comprend les coutumes de Cambresis, d'Amiens et de Ribemont : elles décident que si parmi les enfants qui viennent à la succession il s'en trouve un ou plusieurs qui ne soient pas mariés, le rapport doit avoir lieu et embrasser tout ce qui y est sujet de droit commun ; mais que si tous sont mariés lors de l'ouverture de la succession, ils ne peuvent exiger aucun rapport les uns des autres.

4. — Les autres coutumes admettent le rapport sans restriction, c'est-à-dire qu'elles y soumettent toutes les donations, tant ordinaires qu'en faveur de mariage, sans distinction entre l'état

des personnes donataires. Elles présentent cependant entre elles des différences très-remarquables qu'on peut rattacher à quatre chefs principaux :

1o Les héritiers ascendants et collatéraux sont-ils obligés à rapporter les donations qui leur ont été faites ?

2o Le rapport peut-il être interdit par le défunt ?

3o L'héritier présomptif à qui une donation a été faite peut-il se dispenser d'en faire le rapport en renonçant à la succession ?

4o Y a-t-il incompatibilité entre les qualités d'héritier et de légataire ?

5. — Les coutumes de Touraine (art. 302 et 304), d'Anjou (art. 260, 337) et du Maine (art. 349 et 278), déclarent que « Si aucuns des héritiers roturiers avaient, durant la vie des pères et mères ou autres dont ils viennent à succession, reçu aucuns biens par mariage ou en avancement de droit naturel, ils les doivent rapporter en partage, en telle valeur que lesdites choses valaient au temps dudit don, afin que chacun des héritiers en ait sa contingente partie. » L'obligation de rapport ne s'applique pas dans ces coutumes aux personnes nobles. Le rapport est dû, au contraire, sans distinction entre les nobles et les roturiers, par les héritiers en ligne directe ascendante et collatérale, dans les coutumes de Bretagne, de Blois et de Normandie.

Il y a des coutumes qui ordonnent le rapport en ligne collatérale, seulement pour des biens particuliers. Telle est la coutume de la Rochelle, qui porte (art. 42) : « Aucun ne peut donner à aucun de ses enfants ou hoirs présomptifs, ni iceux avantager l'un plus que l'autre en aucune partie de son héritage à lui venu par succession. »

Le plus grand nombre des coutumes, cependant, ne soumettent point au rapport les héritiers en ligne directe ascendante et en ligne collatérale : telles sont celles de Bourbonnais, de Nivernais, de Paris, d'Orléans, de Montargis, de Calais, de Sens, de Melun, de Châlons, de Reims, de Vermendois et de Bar. C'est dans ce sens qu'il faut décider, toutes les fois que les coutumes ne contiennent pas de disposition à cet égard, parce que dans ce cas on se réfère aux règles du droit romain.

Une autre conséquence du principe que les règles du droit romain sont suivies en l'absence de dispositions coutumières sur le rapport, c'est que lorsqu'une coutume déclare que le rapport doit avoir lieu en ligne directe, on ne doit pas l'admettre dans la ligne directe ascendante. Ricard et Dumoulin adoptent cette solution, sur laquelle la jurisprudence était presque unanime.

6. — Nous trouvons une grande divergence entre les coutumes, sur la question de savoir si le donateur peut défendre le rapport.

On sait que dans les pays de droit écrit, comme dans le droit romain, cette faculté était laissée au donateur, à la condition que la défense fût expresse. Il en est de même dans les coutumes de Nivernais, de Bourbonnais, de Lille, de Douai, d'Orchie, de Noyon, de Saint-Quentin, de Reims. Tel est aussi le droit commun de celles qui sont muettes, d'après Merlin et Guyot. Ricard, au contraire, met en principe dans son Traité des donations : que « dans les coutumes qui ne décident pas ces questions, il faut tenir pour constant qu'aucun ne peut être en même temps héritier et donataire ou légataire en ligne directe descendante. » Cette solution est en opposition formelle avec celle que Ricard lui-même avait donnée plus haut et que nous avons rapportée en commençant.

On trouve d'autres coutumes dans lesquelles le rapport ne peut être prohibé par le donateur. Ainsi, la coutume de Vermandois déclare, art. 94, que : « père, mère, aïeul ou aïeule ne peuvent faire que le rapport des choses par eux données n'ait lieu entre leurs enfants venant à leur succession. » Il en est de même dans celles de Paris, de Calais, d'Anjou, de Maine et de La Rochelle.

7. — L'héritier présomptif à qui il a été fait une donation peut-il se dispenser d'en faire le rapport en renonçant à la succession du donateur ? On doit répondre affirmativement pour toutes les coutumes qui autorisent la dispense de rapport. Quant à celles qui ne permettent pas au donateur de dispenser son héritier de rapporter, il en est quelques-unes où la renonciation à l'hérédité ne dispense point du rapport. Telles sont celles de Touraine, d'Anjou et du Maine pour les roturiers, et celles de Reims, de Bretagne et de Normandie pour toutes personnes ; on les appelle coutumes d'égalité parfaite.

Les autres coutumes, prohibitives de la dispense de rapport, n'ôtent pas au donataire le droit de se tenir à sa donation en renonçant à l'hérédité, et dès lors on doit croire qu'elles le lui laissent. Tout ce qui n'est pas expressément défendu en cette matière, dit Guyot, doit être regardé comme permis, parce que la défense s'éloigne du droit commun et que la permission s'en rapproche.

La donation faite avec clause d'avancement d'hoirie prive-t-elle le donateur du droit d'en éluder le rapport en renonçant à la succession ? Cette question est résolue en sens différents par les auteurs qui ont traité le droit coutumier. Dumoulin se décide pour l'affirmative, en s'appuyant sur ce que l'on est censé prendre à titre successif ce que l'on reçoit en avancement d'hoirie.

Le Brun décide dans le sens contraire, parce que, dit-il, « la clause d'avancement d'hoirie n'est point conforme aux principes des coutumes, selon lesquels la qualité d'héritier ne dépend pas du choix de la personne, mais de la disposition de la loi. »

8. — Y a-t-il incompatibilité entre la qualité d'héritier et de légataire ? Toutes les coutumes qui décident qu'il y a incompatibilité entre les qualités d'héritier et de donataire admettent l'incompatibilité de celles d'héritier et de légataire ; mais la réciproque n'est pas vraie. Les coutumes de Paris, d'Orléans, de Montargis et de Calais, qui permettent de cumuler la qualité d'héritier avec celle de donataire, déclarent incompatibles celles d'héritier et de légataire, même lorsqu'il s'agit de la succession d'un ascendant ou d'un collatéral. Les coutumes de Péronne, de Noyon, de Reims et de la châtellenie de Lille décident qu'on peut être en même temps héritier et légataire, mais à la condition que les legs soient faits par préciput.

9. — Les règles si variées admises par les coutumes sur la matière du rapport furent abolies par la loi du 17 nivôse an II, qui leur substitua une règle uniforme pour toute la France. Cette loi reproduisit les principes admis dans les coutumes d'égalité parfaite, et établit une incompatibilité absolue entre la qualité de successible et celle de donataire et de légataire.

L'article 9 de cette loi est ainsi conçu : « Les successions des pères, mères ou autres ascendants et des parents collatéraux, seront partagées également entre les enfants descendants ou héritiers en ligne collatérale, nonobstant toutes lois, coutumes, donations, testaments et partages. En conséquence, les enfants, descendants et héritiers en ligne collatérale, ne pourront, même en renonçant à ces successions, se dispenser de rapporter ce qu'ils auront eu à titre gratuit, par l'effet de donations que leur auront faites leurs ascendants ou leurs parents collatéraux. » L'article 16 renferme une disposition analogue : « Les dispositions du présent décret, dit-il, ne font point d'obstacle pour l'avenir à la faculté de disposer du dixième de son bien si l'on a des héritiers en ligne directe, ou du sixième si l'on n'a que des héritiers collatéraux, au profit d'autres que des personnes appelées par la loi au partage des successions. »

La loi du 17 nivôse an II fut abrogée dans ses dispositions relatives au rapport par la loi du 4 germinal an VIII, qui fut conçue dans des idées différentes. Cette loi, après avoir étendu la faculté de disposer au-delà des limites fixées par la loi précédente, ajoutait dans son article 5 : « Les libéralités autorisées par la présente loi pourront être faites au profit des enfants ou autres successibles du disposant, sans qu'elles soient sujettes à rapport. »

La loi de germinal an VIII maintint l'obligation du rapport tant dans la ligne collatérale que dans la ligne directe et l'appliqua aussi bien aux donations qu'aux legs ; mais elle supprima l'incompatibilité absolue qui existait entre la qualité d'héritier et de donataire et légataire ; elle permit au donateur ou au testateur de dispenser du rapport les libéralités par lui faites au profit de ses successibles. Cette loi permit aussi à l'héritier présomptif de recueillir les legs à son profit contenus dans le testament du défunt en renonçant à sa succession.

Telles furent en abrégé les dispositions qui ont régi la matière du rapport dans notre droit français avant la promulgation du Code Napoléon. Nous allons maintenant examiner le rapport à succession sous la législation qui nous régit.

TROISIÈME PARTIE.

Du rapport à succession d'après le Code Napoléon.

——

CHAPITRE 1er.

NOTION DU RAPPORT.

1. — Le mot rapport, dans son acception propre, ne désigne que la réunion à la masse héréditaire des objets dont le défunt a disposé par acte entre-vifs au profit de ses héritiers *ab intestat*, afin que ces objets soient compris dans le partage à faire entre tous les héritiers, conformément aux règles établies en matière de succession légitime.

Il n'y a que les dons entre-vifs qui puissent être sujets à rapport, si l'on prend ce mot dans son acception rigoureuse, il ne peut en être question pour les legs. En effet, rapporter signifie remettre à la masse héréditaire des biens qui en étaient sortis ; or, telle n'est point la chose léguée, elle n'a point cessé d'être entre les mains du testateur ; le légataire n'en ayant jamais eu la possession ne peut pas la rapporter, il la laisse dans la masse partageable.

Les rédacteurs du Code ont indiqué cette distinction dans les art. 843 et 845 : « Tout héritier, dit l'art. 843, doit *rapporter* à ses cohéritiers ce qu'il a reçu par donation entre-vifs... il ne peut *retenir* les dons ni *réclamer* les legs à lui faits... » L'art. 845 exprime la même idée : « L'héritier qui renonce à la succession, dit-il, peut *retenir* le don entre-vifs ou *réclamer* le legs à lui fait..... » Toutefois, comme les règles qui régissent le rapport proprement dit sont presque entièrement applicables à la défense faite à l'héritier de réclamer le legs dont le défunt l'a gratifié, le législateur, dans un intérêt de brièveté de langage, a cru devoir appliquer indifféremment le mot rapport, tant à la défense faite aux héritiers légataires de réclamer les objets à eux légués, qu'à l'obligation imposée aux héritiers donataires de remettre en commun les objets à eux donnés. L'art. 847 dit que les *dons* et *legs* faits au fils de celui qui se trouve successible à l'époque de l'ouverture de la succession sont toujours réputés faits avec dispense de *rapport*, et l'art. 849 dit la même chose à l'égard des *dons* et *legs* faits au conjoint d'un époux successible.

On peut donc définir le rapport dans notre législation : la remise réelle ou fictive que fait chaque héritier des biens que le défunt lui a donnés à la masse partageable, et la *maintenue* dans cette masse des biens qui lui ont été légués.

2. — Le Code qualifie encore de rapport le remboursement à la masse héréditaire des sommes dont chaque héritier se trouve débiteur envers la succession. La même qualification était faite par les anciens auteurs du droit coutumier; le prêt qui a été fait par le défunt à son héritier, disent Ricard, Lebrun et Pothier, devient un avancement d'hoirie lorsqu'il ne se trouve pas acquitté au moment de l'ouverture de la succession, et doit être rapporté comme les libéralités. Par le fait, les règles relatives, soit à la manière dont s'effectue le rapport proprement dit, soit aux obligations qu'il impose et aux droits qu'il confère aux cohéritiers, sont applicables également à cette sorte de paiement; mais les dispositions des art. 845 et 857 ne le concernent pas. Ainsi, l'héritier renonçant ne peut se soustraire à la restitution des sommes qu'il devait au défunt, et le paiement de ces sommes peut être réclamé par les créanciers héréditaires et les légataires aussi bien que par les cohéritiers.

3. — Le droit d'exiger le rapport est complétement distinct de celui de demander la réduction des legs et des donations entrevifs qui excèdent la quotité disponible. Tandis, en effet, que le premier est accordé à tous les héritiers indistinctement, le second n'appartient qu'aux héritiers à reserve. Le rapport a lieu de toutes les libéralités qui n'ont pas été faites avec dispense de rap-

port de la part du disposant, ou qui n'en sont pas dispensées par la loi; la réduction, au contraire, ne s'effectue que sur les libéralités qui excèdent la quotité disponible. Le Code, cependant, désigne quelquefois sous le nom de rapport la réduction que doit subir, pour tout ce qui excède la quotité disponible, la donation faite avec dispense de rapport à l'un de ses successibles; c'est ce qui a lieu notamment dans l'art. 918. Il arrive très-souvent qu'il y ait lieu en même temps à rapport et à réduction; dans ce cas, la combinaison des règles qui régissent ces deux matières donne lieu à de nombreuses difficultés.

4. — Si on recherche sur quelle idée est fondé le rapport, on trouve qu'il a pour principe : d'une part l'égalité que la loi désire voir régner entre les cohéritiers, égalité que le défunt aurait pu détruire au moyen d'une déclaration expresse; et d'autre part la présomption que le défunt n'a fait d'avance une libéralité à son successible que pour lui tenir lieu d'une partie de ce qu'il aurait à recueillir dans l'hérédité, ou que le défunt n'aurait pas fait le don s'il eût pu prévoir que le donataire deviendrait son héritier. Le but de la loi est aussi et surtout de maintenir l'harmonie et la concorde dans les familles.

Le vœu présumé du défunt explique parfaitement le rapport des donations : on conçoit que le donateur ait voulu faire un avancement d'hoirie au donataire plutôt que de dépouiller irrévocablement ses héritiers. Sa donation, dans ce cas, lui procure le bénéfice de la jouissance des fruits des biens donnés jusqu'au jour de l'ouverture de la succession; son but aura été le plus souvent de former un établissement au donataire, et il sera rempli.

Mais on ne conçoit pas aussi facilement le motif qui a fait introduire le rapport des legs. On ne peut pas dire ici, comme pour les donations, qu'il y a présomption que le testateur a voulu les soumettre au rapport. En effet, le légataire n'a eu aucune jouissance au moment du décès : si on le place dans l'alternative ou de renoncer à son legs ou de renoncer à la succession, il arrivera fréquemment que le legs ne lui aura été d'aucune utilité. Le seul avantage qu'il lui procure est la faculté de pouvoir renoncer à la succession sans perdre la totalité des biens composant cette succession; or, comment supposer que le testateur ait mis

pour condition à l'effet de sa libéralité la répudiation de sa succession? Comment supposer, d'un autre côté, qu'en exprimant
pour un de ses héritiers un vœu de préférence, il entendait qu'il
fût traité à l'égal des autres? On ne peut assigner d'autre motif
au rapport des legs que la volonté qu'a eu le legislateur de rendre
tous les héritiers légitimes égaux.

Il y a cependant un cas où l'on peut concilier le rapport du
legs avec la volonté présumée du testateur, c'est lorsque le légataire n'était point héritier présomptif au jour où le legs a été
fait, et qu'il est devenu successible au jour de l'ouverture de la
succession. On peut supposer que le testateur, en lui assignant
ce legs, ne voulait que lui donner une marque de sa bienveillance, et non lui donner un legs en sus d'une part héréditaire,
puisqu'il ne le regardait point comme devant être son héritier.

Les invraisemblances du système de notre Code sur le rapport
s'expliquent par l'influence que le souvenir des coutumes exerça
sur ses rédacteurs; nous avons vu, en effet, que dans la plupart
d'entre elles, et notamment dans celle de Paris, la qualité d'héritier était incompatible avec celle de légataire. Notre Code, cependant, à la différence des coutumes dites d'égalité, permet au testateur et au donateur de dispenser les donataires et les légataires
de l'obligation de rapporter.

Le droit romain conserva toujours une distinction entre les
donations et les legs relativement au rapport : l'obligation de
rapporter ne s'appliqua qu'aux donations entre-vifs. Mais si les
legs en furent dispensés, ce fut, ainsi que nous l'avons vu dans
notre première partie, parce qu'ils n'étaient acquis au légataire
qu'après le décès du testateur.

CHAPITRE II.

DES PERSONNES SOUMISES A L'OBLIGATION DU RAPPORT.

5. — L'article 843 du Code Napoléon déclare soumis à l'obligation du rapport tout héritier, c'est-à-dire tout parent légitime

venant prendre part à la succession *ab intestat* d'une personne dont il est donataire ou légataire.

L'héritier même bénéficiaire est tenu de rapporter ce qu'il a reçu du défunt. Puisqu'il a les mêmes droits que l'héritier pur et simple, il doit être soumis aux mêmes charges. La loi le dispense de payer les dettes *ultra vires*, mais elle ne le dispense pas de l'obligation du rapport. Le rapport est dû par l'héritier légitime qui n'était pas appelé à la succession du disposant au jour de la confection du testament ou de la donation, du moment qu'il se trouve successible au jour de l'ouverture de la succession (art. 846). On ne peut pas dire dans ce cas que le rapport est fondé sur la présomption que le défunt n'a fait d'avance un don au successible que pour lui tenir lieu d'une partie de ce qu'il aurait à recueillir plus tard dans l'hérédité. Le législateur, en écrivant cet article, est parti de cette idée, que le donateur n'aurait peut-être pas fait la libéralité s'il avait eu la certitude que le donataire profiterait à un autre titre d'une partie de ses biens. Le donateur pouvait d'ailleurs prévoir ce cas, et prononcer expressément la dispense de rapport s'il avait voulu réellement que le donataire, devenant héritier, retint le don par préciput; dès lors qu'il ne l'a pas fait, il n'y a pas de motif pour déroger au principe d'égalité entre héritiers, qui est le principal but du rapport.

La loi française, plus rigoureuse que la loi romaine et que la majeure partie des coutumes, soumet à l'obligation du rapport les collatéraux aussi bien que les héritiers en ligne directe ascendante et descendante, mais elle n'y assujettit que les héritiers proprement dit; les légataires et les donataires, même universels, en sont dispensés.

Grenier fait cependant une distinction pour résoudre la question du rapport dans les successions testamentaires : « Si plusieurs étrangers, dit-il, étaient institués héritiers ou faits légataires par le testament du défunt soit également, soit inégalement, il ne serait point question entre eux du rapport des objets qui auraient été donnés à l'un d'eux ou à plusieurs. Mais si le défunt avait institué pour ses héritiers ou fait ses légataires universels ceux mêmes qui étaient ses héritiers appelés par la loi pour recueillir la succession, et s'il avait donné à chacun la portion même en quotité qui lui aurait été désirée par la loi, ce qui arrive quelquefois, alors ces héritiers institués ou légataires pourraient se demander respectivement le rapport des objets donnés à l'un d'eux ou à plusieurs. La raison en est que dans ce cas la vocation du défunt, réunie à celle de la loi, ne détruit pas le vœu d'égalité qui fait le fondement de la nécessité du rapport, s'il n'y en a pas dispense. »

Cette opinion ne nous paraît pas d'accord avec les principes du Code. L'article 857 ne soumet au rapport que le cohéritier envers son cohéritier, et la loi n'appelle cohéritier que celui qui succède *ab intestat :* l'héritier testamentaire dont parle Grenier n'est qu'un légataire universel. Il n'est pas exact de dire que, dans le cas indiqué en dernier lieu par cet auteur, le vœu d'égalité, qui fait le fondement de la loi du rapport, n'est pas détruit par la disposition testamentaire du défunt : quel but avait-il donc en faisant de ses héritiers *ab intestat* des légataires, si ce n'est celui de leur faire conserver en propre les avantages qu'il leur avait fait antérieurement.

7. — Les enfants naturels n'ayant pas la qualité d'héritiers ne sont pas obligés de rapporter à la succession de leurs pères et mères naturels, en vertu de l'article 857. Mais l'article 760 leur impose l'obligation d'imputer sur leur part héréditaire tout ce qu'ils ont reçu de leur père ou de leur mère dont la succession est ouverte, et qui serait sujet à rapport d'après les règles établies à la section des rapports.

Plusieurs auteurs soutiennent que l'imputation dont parle l'art. 760 n'est pas autre chose que le rapport proprement dit, et que toutes les règles du rapport sont applicables à l'imputation, sauf celle de la dispense de rapport, parce que l'art. 908 porte que les enfants naturels ne peuvent recevoir, comme donataires ou légataires, plus qu'ils n'auraient eu en qualité d'héritiers *ab intestat.*

Cette opinion ne peut pas se concilier avec les textes du Code. Tandis, en effet, que l'héritier est obligé de remettre dans la masse de la succession à laquelle il vient prendre part, l'immeuble qu'il a reçu par donation en vertu de l'art. 859, l'enfant naturel ne peut être forcé en aucun cas de restituer en nature les choses qu'il a reçues, il lui suffit d'en précompter la valeur sur sa part dans la succession. L'enfant naturel est devenu, dès le moment de la donation qui lui a été faite, propriétaire incommutable de l'immeuble qu'il a reçu, et il ne doit imputer sur sa part de succession que la valeur qu'avait l'immeuble au temps de la donation ; nous verrons au contraire qu'il en est autrement pour l'héritier. Enfin, les enfants naturels sont tenus d'imputer non-seulement ce qui leur a été donné ou légué, mais encore ce qui a été donné ou légué à leurs enfants ou à leurs conjoints, parce qu'aux termes de l'art. 911 les libéralités faites au descendant ou au conjoint d'un incapable sont réputées faites à l'incapable. Les héritiers ne rapportent pas ce qui a été donné à leurs enfants ou à leurs conjoints, en vertu des art. 847 et 849.

L'obligation d'imputer, imposée par la loi à l'enfant naturel, est puisée dans des motifs d'un ordre tout différent de ceux qui ont fait admettre l'obligation de rapporter entre cohéritiers. Loin de vouloir établir l'égalité entre l'enfant naturel et ses co-successeurs, le législateur a voulu qu'en aucun cas cette égalité ne pût exister ; et pour arriver à ce but, il a circonscrit la part héréditaire de l'enfant dans des limites qu'il n'a pas permis à la volonté du défunt d'élargir.

8. — Pour être obligé au rapport, il faut être donataire même du défunt ; on ne doit pas rapporter la libéralité émanant de celui auquel on succède, lorsque cette libéralité, bien qu'elle vous ait profité, avait été faite à un autre qu'à vous. L'art. 848 fait l'application de ce principe. « Le fils venant de son chef à la succession du donateur n'est pas tenu de rapporter le don fait à son père, même quand il aurait accepté la succession de ce dernier. »

Le même article, cependant, soumet au rapport le fils du donataire ; lorsqu'il ne vient à la succession du donateur que par représentation, il doit rapporter tout ce qui avait été donné à son père, même dans le cas où il aurait répudié sa succession. Tel est le cas où un petit-fils, ou un petit-neveu vient à la succession de son aïeul ou de son grand-oncle par représentation de son père donataire prédécédé. La seconde disposition de l'art. 848 n'est

que la conséquence du principe que la représentation est une fiction qui fait revivre le père en la personne du fils et lui attribue
dès lors les droits qu'aurait le père s'il vivait. Cette conséquence
est très-juste. La mort prématurée de l'un des enfants d'une famille, alors qu'il laisse des descendants, ne doit apporter aux
autres enfants aucun gain ni aucune perte, et quand ces descendants viendront plus tard se présenter à la succession de leur
aïeul, il est tout naturel que les choses se passent comme si le
fils prédécédé avait succédé à l'aïeul son père et n'était mort qu'a-
près lui.

Mais faudra-t-il étendre les conséquences de ce principe, que
le représentant est mis à la place du représenté, jusqu'à décider
que le petit-fils donataire venant à la succession de son aïeul par
représentation de son père, qui avait reçu lui-même une donation,
ne doit rapporter que la donation faite à son père? Faut-il, au
contraire, décider qu'il doit rapporter en outre celle qu'il a lui-
même reçue?

Cette dernière opinion, qui est adoptée par M. Marcadé, a pour
elle l'équité. Le rapport, dit cet auteur, n'est dû que par celui
en qui concourent les deux qualités d'héritier et de donataire;
or, la représentation transforme légalement le fils en son père,
en sorte que ce n'est plus le fils, mais le père que l'on voit
comme héritier; puisque c'est le père qui est héritier, il y a donc
lieu à rapporter ce dont ce père est donataire (comme le déclare
l'art. 848), mais non les libéralités faites au fils. La représentation
a pour but d'assurer aux représentants la même position qu'ils
auraient eue si le représenté, leur père, avait survécu au *de cujus*
et leur eût ensuite transmis sa succession. Or, si ce représenté eût
survécu, il n'aurait pas rapporté le don fait à ses enfants; donc
ses enfants venant à sa représentation ne doivent pas le rapporter non plus.

Cette interprétation ne nous parait pas pouvoir être admise
en présence des termes des art. 843 et 846. Le petit-fils, quoiqu'il
représente son père, n'en est pas moins héritier de l'aïeul, car
on ne peut considérer comme héritier le père qui est prédécédé;
or, l'art. 843 assujettit tout héritier au rapport des donations
qu'il a pu recevoir du défunt; donc le petit-fils doit le rapport

des donations qu'il a reçues personnellement de l'aïeul. Il sera assujetti à un double rapport si son père qu'il représente avait reçu aussi une donation, car l'art. 848 est général ; il dit que le fils qui n'hérite que par représentation doit rapporter ce qui a été donné à son père, même dans le cas où il aurait répudié sa succession ; il ne fait pas d'exception pour le cas où ce fils, ayant reçu lui-même une donation, est obligé de rapporter en son nom.

9. — Nous avons dit que le rapport des libéralités cessait d'être dû lorsque l'héritier en avait été dispensé par le donateur ou le testateur. Celui-ci peut accorder valablement cette dispense toutes les fois que ses libéralités ne dépassent point les limites de la quotité disponible.

La dispense de rapport peut-être consignée, soit dans l'acte même qui contient la libéralité, soit dans un acte postérieur, pourvu qu'il soit fait dans les formes ordinaires des libéralités (art. 919). Il n'est pas nécessaire que l'acte qui porte cette déclaration soit de la même nature que celui qui contient la libéralité ; ainsi la dispense de rapporter une donation peut se mettre dans un testament ; réciproquement, celle de rapporter un legs peut se constater par acte entre-vifs. Lorsque la déclaration de dispense de rapport est contenue dans un acte de donation, elle est irrévocable comme toutes les autres dispositions de cet acte, quoique la disposition principale soit renfermée dans un acte révocable. Mais lorsque la disposition principale est contenue dans un acte nul, la déclaration de dispense renfermée dans un acte valable ne couvre pas la nullité de cette disposition, elle ne produit aucun effet.

L'art. 843 exige que la dispense de rapporter soit expresse ; « les dons et les legs, dit cet article, doivent être faits expressément à titre de *préciput* et *hors part.* » La même règle résulte de l'art. 919 : « la quotité disponible peut être donnée aux héritiers, pourvu que la disposition soit faite à titre de *préciput* et *hors part.* » Les termes dans lesquels la déclaration de dispense doit être faite ne sont point sacramentels ; peu importe que le disposant en emploie d'autres que ceux qui se trouvent dans le texte des articles que nous venons de citer, pourvu qu'ils expriment clairement sa pensée. Ainsi, lorsqu'il a déclaré qu'il veut que le donataire cumule sa portion héréditaire avec les biens qu'il lui a légués ou donnés, le rapport n'aura pas lieu.

Il n'est même pas nécessaire qu'il existe dans l'acte de donation ou dans le testament une clause *ad hoc* pour exprimer la dispense de rapporter : cette dispense peut être virtuelle, c'est-à-dire résulter du contexte de l'acte tout entier, de la combinaison de toutes ses phrases, sans être écrite particulièrement dans aucun. Mais il ne suffirait pas qu'elle résultât de circonstances de fait, sans être écrite d'une manière quelconque dans un acte de disposition à titre gratuit. Il faut, comme le disait le rapport au tribunat, que la volonté de dispenser se lise dans la disposition même.

Il résulte de ces principes que la disposition universelle par laquelle l'un des successibles se trouve appelé à la totalité de l'hérédité emporte dispense de rapport, parce qu'il ressort clairement des termes de cet acte que le disposant a voulu exclure de son héritage les autres successibles ; or l'obligation de rapporter suppose toujours un partage à effectuer entre plusieurs héritiers. Il en serait ainsi alors même que les successibles écartés par la disposition du défunt seraient de la classe des héritiers à réserve, mais dans ce cas l'exclusion prononcée contre eux n'aurait d'effet que dans les limites de la quotité disponible.

Il y aurait également dispense valable de rapport dans une disposition qui, en vertu d'une substitution fidéicommissaire autorisée par la loi, se trouverait soumise à une charge de restitution. Dans ce cas, en effet, la volonté exprimée par le disposant est que le grevé conserve l'objet de la disposition pour le rendre au substitué ; or, comment cet objet pourrait-il être conservé, s'il devait être rapporté à la succession du disposant ?

L'obligation de rapporter disparaît encore lorsque la disposition est faite par voie de partage d'ascendants, parce que le disposant a eu pour but d'exclure du partage qui sera fait après sa mort les objets compris dans sa disposition, et le rapport produirait un résultat contraire.

10. — L'héritier qui renonce à une succession n'est pas obligé de rapporter les libéralités qui lui ont été faites par celui à la succession duquel il était appelé (art. 845). Rien de plus logique

que cette disposition : le successible qui renonce à la succession, cessant d'être héritier et étant réputé ne l'avoir jamais été (art. 785), ne pouvait pas être soumis au rapport, puisque le rapport n'est dû, aux termes de l'art. 857, que par le cohéritier à son cohéritier. Puisqu'il est assimilé à un étranger, il doit avoir, comme l'étranger, le droit de conserver la libéralité qui lui a été faite par le défunt.

Quand même le don entre-vifs ou le legs aurait été fait expressément à titre d'avancement d'hoirie, le donataire ou le légataire n'en aurait pas moins le droit de le réclamer en renonçant à la succession. La loi, dit Chabot, ayant accordé indéfiniment au donataire ou légataire qui renonce à la succession le droit de retenir le don entre-vifs ou de réclamer le legs, sans distinguer à quel titre le don ou le legs peut avoir été fait, on ne peut admettre aucune distinction à cet égard.

11. — Parmi les questions controversées auxquelles a donné naissance l'application de l'article 845, se place en première ligne celle de savoir quelle est la fraction de succession que le successible renonçant a le droit de retenir en vertu de sa donation ou de son legs.

Il n'y a pas de difficulté, lorsque parmi les successibles il ne se trouve aucun héritier à réserve. Si l'héritier présomptif auquel a été fait une donation en avancement d'hoirie ou un legs sans dispense de rapport, trouve son intérêt à renoncer à la succession pour s'en tenir à sa libéralité, il la conservera tout entière quelle que soit son importance. L'art. 845 dit, en effet, que le successible renonçant peut retenir la libéralité à lui faite jusqu'à concurrence de la quotité disponible ; or, dans cette espèce, la masse entière de la succession est disponible.

Si la succession est échue partie à des héritiers réservataires, partie à des successibles des non-réservataires, et que la libéralité ait été faite à un de ces derniers, le donataire ne pourra en renonçant conserver les biens donnés que jusqu'à concurrence de la quotité disponible, puisque la portion de succession réservée n'a pu être diminuée par le donateur au détriment des héritiers réservataires.

Mais si tous les successibles ont droit à une réserve, le successible réservataire renonçant aura-t-il le droit de conserver la donation qui lui a été faite par le défunt dans sa totalité, si elle absorbe en même temps la quotité disponible et la part à laquelle ce successible avait droit dans la réserve? La solution de cette question dépend de celle d'une autre plus générale : pour avoir droit à la réserve, faut-il nécessairement se porter héritier, au moins bénéficiaire de la personne sur la succession de laquelle on veut obtenir la réserve?

Cette question a divisé la jurisprudence et les auteurs.

Chabot croit que le droit à la réserve est tout à fait indépendant de la qualité d'héritier, qu'il est attaché par la loi à la seule qualité de réservataire. Cette opinion a reçu la sanction de la cour de cassation. Un arrêt de cette cour décide : que le descendant qui a renoncé à la succession peut retenir les biens qui lui ont été donnés jusqu'à concurrence non-seulement de la quotité disponible, mais encore de la part à laquelle il avait droit dans la réserve.

Cette jurisprudence est généralement combattue, et avec raison, suivant nous. Nous croyons que pour avoir droit à la réserve il faut être héritier. Cette question ne rentrant pas absolument dans notre sujet, nous ne croyons pas devoir la discuter avec détail; nous énoncerons seulement sommairement les motifs de notre décision.

Nulle part la réserve n'est organisée d'une manière directe ; elle n'est connue qu'indirectement par la limitation de la quotité disponible. Les art. 913 et 915 indiquent la portion de biens dont le défunt a pu valablement disposer quand il laisse des ascendants ou des descendants ; quant à l'autre portion qui forme la réserve, il n'en parle pas. On peut donc définir la réserve : la portion de biens dont le défunt n'a pas pu disposer et qu'il n'a pu transmettre ni par donation ni par testament. Or, ces biens ne peuvent pas se placer autre part que dans sa succession légitime, et ne peuvent être recueillis que par ses héritiers *ab intestat*.

Dans les art. 1004 et 1006, la réserve est représentée comme un droit héréditaire auquel on est appelé commé héritier. « S'il n'y a pas d'*héritiers* auxquels *une quotité de biens soit réservée*, le légataire universel sera saisi de tous les biens ; mais s'il y a des *héritiers* auxquels *une quotité de biens est réservée, ces héritiers* sont saisis de tous les biens, et le légataire est tenu de leur demander la délivrance. »

De ce que le droit à la réserve est attaché exclusivement à la qualité d'héritier, il résulte que le successible réservataire, qui est en même temps légataire ou donataire, n'a pas le droit, en cas de renonciation, de conserver sa donation ou son legs jusqu'à concurrence de sa part dans la réserve réunie à la quotité disponible. Le réservataire sera donc identiquement dans la même position que s'il était successible non réservataire.

Ainsi, pour que le réservataire renonçant ait le droit de conserver sa donation et son legs dans leur entier, il faut qu'ils soient égaux ou inférieurs à la quotité disponible. Il faut, en outre, que cette quotité disponible n'ait pas été épuisée d'ailleurs.

12. — L'application de l'art. 845 donne encore naissance à une grave question de réduction sur laquelle nous croyons devoir insister. Supposons qu'un père, qui a fait de son vivant une donation sans clause de préciput à l'un de ses fils, meure sans faire d'autre donation et sans laisser de testament, aucune difficulté ne peut se présenter. Si ce fils accepte la succession, il rapporte sa donation en vertu de l'art. 843 ; s'il renonce à la succession, il conservera sa donation jusqu'à concurrence de la quotité disponible, en vertu de l'art. 845.

Mais lorsque le père, après avoir fait à l'un de ses enfants une donation sans clause de préciput, aura fait plus tard d'autres donations ou des legs au profit d'étrangers, ou même d'un autre de ses enfants, mais avec clause de préciput, dans quelle proportion le successible donataire renonçant pourra-t-il conserver les biens qui font l'objet de sa donation, si la somme de toutes les libéralités excède la quotité disponible ?

Si l'on admet qu'il prime les donataires qui lui sont postérieurs en date et tous les légataires, il en résultera qu'en transformant par sa renonciation en don du disponible ce que son père n'avait entendu lui donner que par simple avancement d'hoirie sur sa réserve, il se trouvera avoir ravi à ce dernier la faculté de disposer d'une partie de sa quotité disponible. Ainsi, il dépendra de lui d'anéantir ou de faire exécuter les volontés de son père. S'il accepte, les legs et les donations auront leur effet plein et entier ; s'il renonce, ils seront réduits d'une quotité de biens égale aux biens qui sont l'objet de sa donation. Il est cependant impossible de décider autrement en présence des termes de l'art. 845, qui assimile l'héritier renonçant à celui qui n'a pas eu la qualité d'héritier. Les biens donnés au renonçant seront assimilés pour la réduction aux biens donnés à un étranger.

En présence d'un résultat aussi peu équitable, les auteurs et la jurisprudence ont cherché à éluder les conséquences de cette doctrine. M. Marcadé décide que le successible renonçant qui a reçu une donation avec clause d'avancement d'hoirie ne doit la conserver qu'autant que tous les légataires étrangers ou héritiers, mais préciputaires, auront été intégralement payés.

Voici comment il formule son raisonnement : lorsqu'un père fait une donation à son enfant, sans le dispenser de la rapporter, la seule libéralité qu'il veut lui faire d'une manière définitive est l'attribution de la jouissance immédiate de biens qu'il n'aurait obtenus que plus tard, puisque cette donation n'est, jusqu'à nouvel ordre, qu'un simple avancement d'hoirie, une présuccession. Il est très-possible que le père n'entende rien donner dans ce cas de sa quotité disponible, quotité qu'il veut peut-être conserver pour en disposer ailleurs, et sur laquelle la donation actuelle ne pourra jamais s'imputer. Si plus tard, en effet, le père dispose de cette quotité disponible au profit de quelqu'autre, la présomption se change en certitude ; il devient certain que le père avait entendu garder entre ses mains sa portion disponible qu'il place aujourd'hui ailleurs ; et cette quotité disponible se trouvant épuisée par des libéralités postérieures, soit entre-vifs, soit testamentaires, il deviendra impossible à l'enfant d'imputer son don sur elle, il ne pourra le garder, même en renonçant.

Le système de M. Marcadé ne peut être admis en présence des textes du Code. L'art. 923 déclare formellement qu'il n'y a jamais lieu à réduire les donations entre-vifs qu'après avoir épuisé la valeur de tous les biens compris dans les dispositions testamentaires, et que lorsqu'il y aura lieu à cette réduction elle se fera en commençant par la dernière donation, et ainsi de suite en remontant des dernières aux plus anciennes. Or cet article n'établit point de distinction entre les donations ordinaires et les donations faites en avancement d'hoirie, et aucun article du Code n'établissant des règles spéciales pour ces donations, elles sont régies par la règle générale : en conséquence, la donation faite sans clause de préciput au successible renonçant ne pourra être réduite qu'après tous les legs et toutes les donations postérieures en date.

La doctrine de M. Marcadé n'est pas, du reste, irréprochable en équité. Il peut arriver que le successible donataire par préciput renonce à la succession pour s'en tenir à son don, croyant qu'aucune libéralité n'a été faite postérieurement à la sienne. Après sa renonciation, on découvre un testament qui institue plusieurs légataires auxquels toute la quotité disponible est attribuée; si le testament n'avait pas été caché par fraude au renonçant, il ne pourra pas revenir sur sa renonciation, et il se verra ainsi privé de tout bien provenant de son père.

La Cour de cassation, conséquente avec son principe : que l'enfant a droit à la réserve indépendamment de sa qualité d'héritier, décide qu'en cas de concours du réservataire renonçant avec d'autres donataires ou légataires, le réservataire doit imputer son don d'abord sur sa réserve, et subsidiairement seulement sur la quotité disponible. Elle arrive ainsi à un résultat très-équitable, puisqu'elle assure à la volonté du défunt une exécution complète ; mais nous ne pouvons admettre le principe sur lequel elle s'appuie.

———

CHAPITRE III.

QUELLES PERSONNES PEUVENT EXIGER LE RAPPORT.

13. — Le rapport est dû à tout héritier qui vient prendre part à une succession, soit qu'il ait accepté purement et simplement, soit qu'il ait accepté sous bénéfice d'inventaire.

L'héritier qui renonce ne peut être autorisé à demander le

rapport, car il est censé n'avoir jamais eu la qualité d'héritier. C'est une juste réciprocité, puisque sa renonciation l'affranchit lui-même de l'obligation de rapporter. La même raison de décider existe pour les héritiers qui ont été exclus de la succession comme indignes, ou écartés par les dispositions testamentaires du défunt.

Le droit de réclamer le rapport compète à chaque héritier contre chacun de ses cohéritiers. Ainsi, dans le cas où la succession est à partager entre les deux lignes, les héritiers de l'une sont en droit de l'exiger des héritiers de l'autre.

Le rapport n'est dû que par le cohéritier à son cohéritier ; il n'est pas dû aux légataires ni aux créanciers de la succession (art. 857). Il n'est question dans cet article que du rapport des donations entre-vifs : les legs, en effet, ne sauraient nuire aux créanciers même postérieurs à la confection du testament, et l'héritier en même temps légataire ne pourrait pas, même en acceptant sous bénéfice d'inventaire, être payé de son legs par préférence aux autres légataires, sous le prétexte qu'un légataire ne doit pas rapporter aux légataires ; il serait payé par concurrence avec les autres légataires, conformément à l'art. 926.

L'art. 857 n'est pas applicable au rapport improprement dit, dont parle l'art. 829. En effet, quoique cet article dise positivement que chaque cohéritier fera rapport à la masse de la succession des sommes dont il est débiteur envers le défunt, il est bien évident que les créanciers et les légataires de la succession pourraient exercer leurs droits sur les sommes montant de ces dettes, car elles n'ont jamais cessé de faire partie des biens du défunt.

14. — L'application de l'art. 857 n'a pas lieu seulement pour les étrangers non successibles, elle se fait aussi lorsque des successibles veulent exercer sur l'hérédité des droits qu'ils ne tiennent pas de leur qualité d'héritiers *ab intestat*. Ainsi, lorsqu'un père a légué à un de ses fils par préciput une certaine quotité de biens dont le chiffre est égal ou inférieur à celui de la quotité disponible, ce fils ne peut, en tant que légataire, se prévaloir du rapport des biens donnés entre-vifs qu'il a obtenus en qualité d'héritier *ab intestat*, et faire porter son legs sur ces biens comme sur ceux qui appartenaient au testateur au moment de son décès.

L'héritier légataire réunit en lui deux qualités distinctes, et pour ainsi dire deux personnes différentes qui, loin de se confondre, sont assujetties aux régles particulières qui les régissent.

15. — Un grand nombre de questions fort controversées se sont élevées sur l'art. 857. Supposons qu'un père, après avoir fait des dons en simple avancement d'hoirie à un ou plusieurs de ses enfants qui acceptent, ait légué à l'un d'eux ou à un étranger une quotité de ses biens, par exemple, le quart; cette quotité doit-elle se calculer sur tous les biens, y compris ceux qui ont été donnés d'abord, comme paraît le vouloir l'art. 922, ou, au contraire, ne doit-elle se calculer que sur les biens existants au décès, parce que les biens donnés entre-vifs ne sont pas, d'après l'art. 857, assujettis au rapport au profit des légataires?

Il y a là principalement une question de fait qu'il faut résoudre d'après la volonté du défunt exprimée dans le testament. Si cette volonté est constante, elle doit-être suivie. Ainsi, si le défunt a dit : Je lègue le quart de mes biens, y compris ceux dont j'ai disposé par acte entre-vifs, les héritiers *ab intestat* ne pourront pas, en se fondant sur l'art. 857, faire restreindre le legs au quart des biens existants dans l'hérédité. Au contraire, si le testateur a dit : Je lègue le quart des biens que je laisserai à mon décès, les termes du testament s'opposent à ce que le légataire puisse, en invoquant l'art. 922, étendre le legs au quart des biens donnés entre-vifs. Mais que décider lorsque le défunt s'est borné à dire qu'il lègue le quart de ses biens sans que le testament contienne aucune indication de nature à révéler sa véritable pensée ?

La consistance du legs se calculera sur les biens existants dans l'hérédité au moment du décès, abstraction faite des biens donnés entre-vifs et rapportés à la masse, dans l'intérêt des personnes auxquelles le rapport est dû. L'art. 857 commande cette décision. Il résulte en effet de cet article que, au regard de toutes personnes autres que les héritiers proprements dits, les biens donnés entre-vifs par le défunt sont définitivement sortis de son patrimoine.

Lorsque la disposition faite, soit au profit d'un étranger, soit au profit d'un successible avec dispense de rapport, a pour objet la quotité disponible elle-même, le légataire, quoique privé du droit d'exiger le rapport effectif des libéralités en avancement d'hoirie, peut cependant, pour faire déterminer la portion de biens dont il a été gratifié, demander la réunion fictive des biens dont le défunt a disposé par actes entre-vifs, à la masse des biens existants dans l'hérédité.

En effet, la seule manière de calculer la quotité disponible est celle qu'indique l'art. 922. Or, cet article décide que la réduction se détermine en formant une masse de tous les biens existants au moment du décès du testateur, déduction faite des dettes qui les grèvent, à laquelle masse on réunit fictivement les biens dont il a été disposé par donation entre-vifs, et qu'on calcule sur tous ces biens quelle est, eu égard à la qualité des héritiers que le défunt laisse, la quotité dont il a pu disposer. L'art. 922, à la vérité, suppose une demande en réduction formée par les héritiers à réserve; mais comme il n'établit pas de différence entre le mode à suivre pour fixer la quotité disponible dans ce cas, et le mode à suivre pour la fixer sur la demande en prélèvement de la portion disponible formée par les légataires, on doit en conclure que la même règle doit être appliquée dans les deux cas. Autrement, on arriverait à cette singulière conséquence, qu'il existe deux quotités disponibles différentes, l'une pour le cas où le défunt a outrepassé les limites dans lesquelles se trouve circonscrite la faculté de disposer, l'autre pour le cas où il s'est renfermé dans ces limites.

L'objection qu'on voudrait tirer contre ce système de l'art. 857 n'aurait pas de force, car il n'est nullement question de faire rapporter par les héritiers aux légataires, il s'agit seulement de réunir fictivement les libéralités rapportables pour faire un calcul. Ce qui prouve qu'il ne s'agit nullement d'un rapport à faire par les héritiers aux légataires, c'est que si, une fois la quotité disponible fixée suivant les termes de l'art. 922, les biens laissés au décès ne suffisent pas pour fournir la totalité du legs fait au légataire, celui-ci n'aura le droit de prendre son legs que sur les biens se trouvant entre les mains du testateur au moment de son décès, et nullement sur ceux que les héritiers auraient pu recevoir par avancement d'hoirie.

16. — Les créanciers de la succession ne peuvent pas de-

mander le rapport, aux termes de l'art. 857, ni en profiter quand il a été effectué. Mais pour qu'il en soit ainsi, il faut que les héritiers n'acceptent la succession que sous bénéfice d'inventaire : car s'ils acceptaient purement et simplement, les créanciers de la succession, devenant alors les créanciers personnels des héritiers, pourraient du chef de ces héritiers eux-mêmes et en vertu de l'art. 1166, demander le rapport aux autres cohéritiers et en profiter. Dans ce cas, ce n'est pas comme créanciers du défunt que les créanciers de la succession viennent demander le rapport, c'est comme créanciers directs des héritiers, en vertu de l'acceptation pure et simple de ces derniers. La règle de l'art. 857 ne se trouve donc pas détruite, car cet article dit bien que le rapport n'est pas dû par les héritiers aux créanciers de la succession, mais il ne dit pas qu'il n'est pas dû aux créanciers personnels des héritiers. Ces mots, *le rapport n'est dû que par le cohéritier à son cohéritier*, n'excluent pas le créancier personnel de l'héritier; car aux termes de l'art. 1166, les créanciers peuvent exercer tous les droits et actions de leur débiteur, à l'exception de ceux qui sont exclusivement attachés à leur personne, et l'on ne peut soutenir que le droit de demander le rapport soit un droit inhérent à la personne de l'héritier.

Pour que la règle de l'art. 857 reçoive son application, il faut que les créanciers du défunt ne puissent agir comme créanciers personnels de l'héritier, ce qui arrive dans deux cas :

1° Lorsque la succession est acceptée sous bénéfice d'inventaire : car l'héritier bénéficiaire ne confond pas ses biens avec ceux de la succession, les créanciers héréditaires conservent leur ancien débiteur, le défunt représenté par la succession, les biens de ce défunt sont seuls employés à les désintéresser. Or les biens que l'héritier bénéficiaire obtient par l'effet du rapport ne figurent point dans le patrimoine du défunt, ils font partie du patrimoine personnel de l'héritier.

2° Dans le cas où les créanciers, placés en présence d'une acceptation pure et simple, ont demandé en leur propre nom la séparation du patrimoine du défunt d'avec celui de l'héritier (art. 878).

Les créanciers qui forment cette demande obtiennent le droit d'être payés sur les biens de la succession, par préférence aux créanciers personnels des héritiers. Il importe par conséquent de distinguer le patrimoine du défunt d'avec celui de l'héritier. Or le rapport n'étant pas dû aux créanciers, il en résulte que les biens que leur débiteur a donnés de son vivant à ses successibles sont non plus dans son patrimoine, mais dans celui de ses héritiers; leur droit de préférence ne porte donc point sur les biens rapportés.

La décision de l'art. 857 était adoptée sous les coutumes : « L'héritier bénéficiaire, nous dit Pothier, n'est point obligé de compter aux créanciers de la succession les sommes que son père lui a données entre-vifs, et la raison, c'est qu'il est sujet à la loi du rapport envers ses cohéritiers seulement. Ce n'est qu'envers eux que les coutumes l'obligent, pour maintenir l'égalité entre les enfants; mais il n'y est pas obligé envers les créanciers, qui n'ont de droit que sur les biens de la succession, dont les choses données entre-vifs ne font point partie, puisque le donateur s'en est dessaisi de son vivant. On dira que par le rapport les choses données sont censées rentrer dans la succession : la réponse en est que si elles sont censées rentrer dans la succession, ce n'est que par fiction; que dans la vérité elles n'en font point partie, puisque le défunt avait cessé d'en être propriétaire; que les fictions ne doivent profiter qu'à ceux pour qui elles sont établies, d'où il suit que le rapport n'étant établi qu'en faveur des cohéritiers et non en faveur des créanciers, les créanciers ne peuvent en profiter. »

17. — Quoiqu'il puisse paraître injuste, au premier abord, de priver les créanciers du droit d'exiger le rapport des choses données par leur débiteur à leur successible, et d'en profiter quand il a été effectué, ce résultat n'a cependant dans le fond rien de choquant. En effet, si la créance est postérieure à la donation faite par le débiteur à son successible, pourquoi rescinderait-on, dans l'intérêt du créancier, l'aliénation d'un bien qu'il n'a pas dû regarder comme son gage, puisqu'il n'était plus dans le patrimoine de son débiteur quand il a traité avec lui? Si la créance est antérieure, le créancier éprouve un préjudice, mais il pouvait le prévoir; c'était à lui à se mettre en mesure en exi-

geant des cautions ou des hypothèques. Lorsque la donation a été faite en fraude des droits des créanciers, ceux-ci peuvent l'attaquer conformément à l'art. 1167.

18. — L'enfant naturel reconnu peut-il exiger le **rapport** des héritiers légitimes ; a-t-il le droit de réclamer une quote-part sur les biens rapportés comme sur les autres biens de la succession ?

La négative est soutenue par M. Toullier. Cet auteur s'appuie sur l'art. 857, qui ne soumet au rapport que le cohéritier envers son cohéritier. Or l'enfant naturel n'est pas héritier (art. 756) ; on ne trouve aucun article dans le Code qui assujétisse les héritiers légitimes à rapporter aux enfants naturels.

Les arguments sur lesquels s'appuie ce système sont faciles à détruire. En effet, pour bien comprendre l'art. 857, il ne faut pas entendre la première disposition d'une manière absolue ; c'est dans la seconde disposition qu'on rencontre le véritable sens de tout l'article, et elle ne fait aucune mention des enfants naturels ; elle ne parle que des créanciers héréditaires et des légataires. En outre, l'art. 757 dit positivement que l'enfant naturel prendra une fraction de la portion héréditaire qu'il eût obtenue s'il avait été légitime ; or, s'il avait été légitime, son droit héréditaire aurait porté sur les biens rapportés, comme sur les biens se trouvant dans la succession au moment du décès du *de cujus*.

Ainsi, le rapport dû aux enfants naturels n'est pas seulement un rapport fictif, ayant pour objet d'établir le chiffre de ce qui leur revient dans la succession ouverte ; c'est un rapport réel, qui leur permet de prendre leur quote-part, s'il y a lieu, sur les biens rapportés, rapport qui est régi par les mêmes règles que celui auquel les cohéritiers sont tenus les uns envers les autres.

Tout enfant naturel est autorisé également à réclamer des autres enfants naturels avec lesquels il concourt l'imputation de ce qu'ils ont reçu du défunt.

CHAPITRE IV.

A QUELLE SUCCESSION SE FAIT LE RAPPORT.

19. — Le rapport ne se fait qu'à la succession du donateur, dit l'art. 850. C'est une conséquence toute naturelle du but que le législateur s'est proposé en établissant le rapport : rétablissement de l'égalité entre les héritiers de celui qui a donné. Il importe donc d'examiner avec soin quel est le véritable donateur, pour déterminer la succession à laquelle doit être fait le rapport.

C'est en vertu de ce principe, que le petit-fils qui a reçu un don de son aïeul n'est pas tenu d'en faire le rapport à la succession de son père, bien que cette succession, ouverte depuis celle de l'aïeul et dans laquelle s'est confondue en tout ou en partie cette dernière, se trouve moins considérable par l'effet de la libéralité.

Il peut se présenter quelques difficultés sur la question de savoir à quelle succession l'enfant doit rapporter la dot qu'il a reçue de ses père et mère. Nous allons examiner les diverses espèces qui peuvent se présenter, en distinguant les régimes sous lesquels les père et mère sont mariés.

20. — Si les donateurs sont mariés sous le régime de la communauté, et que la dot soit constituée par le mari seul à l'enfant commun en effets de la communauté, conformément à l'art. 1439, la mère n'est tenue de la dot qu'autant qu'elle accepte la communauté, et elle est tenue pour la part qu'elle y prend, soit d'après la loi, soit d'après les conventions matrimoniales, à moins que le mari n'eût déclaré expressément qu'il s'en chargeait pour une portion plus forte que sa part dans la communauté. Le rapport se fera, à la succession de chacun des époux, dans la proportion de ce qu'il supporte dans la dot : si donc la femme renonce à la communauté, aucun rapport ne sera dû à sa succession, puisqu'elle se trouvera n'avoir jamais rien payé de la dot.

Le père et la mère communs en biens, qui ont doté conjointement leur enfant commun, en biens de la communauté, sans exprimer la portion pour laquelle ils entendaient chacun contribuer à la dot, sont censés, aux termes de l'art. 1438, avoir doté chacun pour moitié ; par suite, le rapport se fera pour moitié à la succession de chacun d'eux.

Dans quelle proportion devra se faire le rapport à la succession du père et de la mère, lorsque le fils aura été doté conjointement par eux , et que leurs droits dans la communauté seront fixés d'une manière inégale ?

La solution de cette question varie selon que l'on décide que les deux époux sont tenus du paiement de la dot par portion égale, ou que l'on décide au contraire qu'ils n'en sont tenus qu'en proportion de la part à laquelle ils ont droit dans la communauté. La première opinion est soutenue par Chabot ; mais nous croyons que la seconde est préférable. En effet, le paiement de la dot ne constitue pas une dette de communauté : c'est une dette personnelle à chacun des époux. Or, il est de principe que toute obligation personnelle contractée par deux personnes, sans distinction de la part de chacune dans l'obligation, est supportée par moitié par chacune d'elle.

Le rapport devra donc se faire pour moitié à chacune des deux successions paternelle et maternelle. Toutefois, il n'en sera ainsi que lorsque les époux n'auront pas désigné la part pour laquelle chacun est tenu dans le paiement de la dot. Si cette désignation avait eu lieu, ce serait seulement en proportion de ces parts que les enfants devraient faire le rapport à chaque succession.

Lorsque la mère a fourni seule sur ses biens personnels la **dot** qui a été constituée conjointement par elle et son mari, mais sans aucune désignation de la part que chacun d'eux entendait donner, si la mère décède avant le père, les cohéritiers de l'enfant doté ne peuvent pas le contraindre à rapporter la totalité de la dot à la succession de la mère. En effet, l'art 1438 dit expressément que si la dot a été constituée conjointement par le père et par la mère, chacun d'eux est censé avoir doté pour la moitié, lors même que la dot a été prise entièrement sur les biens de la mère. Le père est donc réputé donateur pour moitié, comme la mère l'est pour l'autre moitié : la dot est donc rapportable pour moitié à la succession du père, pour moitié à la succession de la mère, conformément à l'art. 850.

21. — Quand le père et la mère sont mariés sous le régime dotal et qu'ils constituent conjointement une dot à leurs enfants, sans distinguer la part de chacun, cette dot est censée constituée par portions égales (art. 1544) ; par conséquent, le rapport doit s'en faire à la succession de chacun d'eux pour moitié ; s'ils spécifient la part qu'ils entendent chacun supporter dans la dot, le rapport se fera à la succession de chacun d'eux dans les proportions fixées.

Sous le même régime, la dot constituée par le père seul pour droits paternels et maternels n'oblige en rien la mère, quoiqu'elle soit présente au contrat ; elle demeure en entier à la charge du père (art. 1544), et par suite elle est rapportable pour la totalité à la succession du père.

Lorsque les père et mère sont mariés sous le régime d'exclusion de communauté ou de séparation de biens, les décisions que nous venons de donner sont encore applicables.

22. — L'art. 1573, placé au chapitre du régime dotal dans le titre du contrat de mariage, apporte une exception aux règles ordinaires du rapport, en ce qui concerne les biens qui composent la dot.

Cet article est ainsi conçu : « Si le mari était déjà insolvable et n'avait ni art, ni profession lorsque le père a constitué une dot à sa fille, celle-ci ne sera tenue de rapporter à la succession de son père que l'action qu'elle a contre son mari pour se faire rembourser. Mais si le mari n'est devenu insolvable que depuis le mariage, ou s'il avait un métier ou une profession qui lui tenait lieu de biens, la perte de la dot tombe entièrement sur la femme. »

La première question que fait naître cet article est celle de savoir s'il est applicable quel que soit le régime sous lequel la fille est mariée, ou s'il est absolument indispensable, pour que son application ait lieu, que la fille dotée soit mariée sous le régime dotal.

On peut dire pour l'affirmative que la disposition de cet article, uniquement fondée sur la négligence du père ou de la mère qui a constitué la dot, ne saurait être considérée comme la conséquence d'un principe particulier au régime dotal. Nous croyons cependant qu'il faut se décider pour la négative. En effet, la règle de l'art. 1573 a été tirée de la Novelle 97, chap. 6, et de l'authentique *quod locum,* loi 4, au titre *De collationibus* au Code, et les dispositions de cette authentique n'ont jamais été reçues que dans les pays de droit écrit; or, en plaçant l'art. 1573 dans le chapitre qui traite du régime dotal, les rédacteurs du Code ont évidemment manifesté l'intention de ne reproduire qu'en faveur des habitudes des pays de droit écrit, une disposition qui avait été toujours étrangère aux pays coutumiers. Si c'eût été une règle générale que les rédacteurs du Code eussent entendu tracer, ils auraient placé cet article au titre des successions et au chapitre du rapport. Enfin, on peut encore dire avec M. Marcadé, que si juste que soit la règle, elle n'en est pas moins une dérogation aux principes, une véritable exception, et qu'elle doit dès lors, à ce titre d'exception, se restreindre au seul régime pour lequel elle est écrite. Son extension serait sans doute désirable, et en législation notre question devrait se résoudre affirmativement, mais en droit, sa nature de disposition à titre exceptionnel ne permet pas de l'étendre.

L'art. 1573 est-il applicable dans tous les cas, ou ne l'est-il que dans le cas où la dot est mobilière? Grenier et Chabot décident dans le second sens ; « car à l'égard de la dot immobilière, dit Grenier, elle est toujours assurée à la femme mariée sous le régime dotal, en combinant les art. 1560, 1561 et 2225 du Code, qui déclarent les immeubles, toujours sous ce régime dotal, inaliénables et imprescriptibles. »

Cette raison ne nous paraît pas suffisante. En effet, la loi ne distingue pas entre le cas de dot mobilière et de dot immobilière, et il peut arriver que l'art. 1573 soit d'un grand secours à la femme, même dans le cas de dot immobilière. L'immeuble dotal n'est pas toujours inaliénable, et dans le cas même où il le serait, il peut par le fait être détérioré d'une manière irréparable pour la femme. Ainsi, si c'est une forêt, le mari a pu par des coupes exagérées en dissiper une notable partie, sans qu'il soit possible à la fille d'échapper au préjudice résultant de l'insolvabilité de son mari autrement qu'en invoquant l'art. 1573.

Enfin, notre article a encore soulevé la question de savoir si le bénéfice accordé à la fille est applicable à la dot constituée par la mère aussi bien qu'à celle constituée par le père ? Grenier résoud la question par une distinction que rien n'autorise ; il décide que la règle ne s'applique à la mère qu'autant qu'elle ne constitue la dot qu'après la mort de son mari. Nous croyons que la distinction entre le père et la mère n'est pas plus admissible que la sous-distinction entre la mère veuve et la mère mariée. Le mot père n'est employé dans l'article que par mode d'explication ; la règle est faite pour tout parent dont la femme dotée devient ensuite l'héritière.

CHAPITRE V.

DES AVANTAGES SUJETS A RAPPORT.

23. — Aux termes de l'art. 843, le rapport est dû de tout ce que l'héritier a reçu du défunt par donation entre-vifs, directement ou indirectement ; il ne peut retenir les dons ni réclamer les legs à lui faits, à moins que ces dons ou ces legs ne lui aient été faits expressément à titre de préciput ou hors part, ou avec dispense de rapport.

Il semble résulter des termes si généraux de cet article, que la seule question à examiner pour savoir si une libéralité doit ou non être rapportée est celle de savoir s'il existe ou s'il n'existe pas une dispense émanée du disposant. Il n'en est cependant pas ainsi : la loi a dérogé au principe de l'art. 843 dans les articles suivants, et elle a dispensé de rapport un grand nombre de biens, quoiqu'ils émanassent des libéralités du défunt et qu'aucune dispense n'ait été prononcée par lui. Nous nous occuperons de ces exceptions dans le chapitre suivant.

Les libéralités sujettes à rapport peuvent être divisées en deux classes : on les appelle libéralités directes lorsqu'elles ont été faites ostensiblement et sans employer de détour, et indirectes lorsqu'elles ont été faites par des moyens détournés ayant pour but d'en cacher le caractère ou l'existence.

§ 1. — *Des libéralités directes.*

24. — Toute donation et tout legs faits à un successible, quelque minimes que soient les avantages qu'ils lui procurent, doivent être rapportés par lui, s'ils n'ont pour objet des choses dispensées de rapport par la loi. Le Code ne distingue pas, comme le faisaient certaines coutumes, entre les donations faites par contrat de mariage et les donations ordinaires.

25. — Les dons et legs rémunératoires, c'est-à-dire qui ont été faits en récompense de services rendus, et les dons ou legs faits sous des conditions onéreuses, doivent-ils être rapportés lorsque le défunt ne les a pas dispensés de rapport ?

Les anciens auteurs n'étaient pas d'accord sur ce point, et la même divergence d'opinion se rencontre aujourd'hui. Chabot enseigne que ces sortes de libéralités sont rapportables pour le tout, sauf à tenir compte aux donataires de ce qui peut leur être légalement dû, soit pour les services qu'ils auraient rendus, soit pour les charges qu'ils auraient acquittées. MM. Aubry et Rau décident, au contraire, que l'on doit estimer la valeur des services rendus ou des charges qui ont été acquittées, et soumettre au rapport l'excédant seulement de la valeur de la libéralité. En sorte que, lorsque l'objet de la donation rémunératoire ou onéreuse sera un immeuble, il faudra pour que le rapport en nature ait lieu que le montant de la valeur des services ou des charges soit inférieur à la moitié de celle des immeubles donnés. Nous adoptons la première opinion, parce que la règle générale est que tous dons et tous legs qui n'ont pas été expressément dispensés doivent être rapportés, et qu'on ne trouve nulle part d'exception prononcée pour les dons et les legs rémunératoires ou onéreux.

26. — On doit également considérer comme sujets à rapport les avantages résultant d'une remise de dette faite par le défunt à l'un de ses successibles, soit ouvertement, soit d'une manière secrète, du moment que l'on parvient à la découvrir.

Que faut-il décider à l'égard d'une remise faite dans un concordat après faillite ? Supposons qu'un père prête 3,000 fr. à l'un de ses enfants, qui plus tard tombe en faillite et fait un traité de concordat par lequel tous les créanciers, au nombre desquels se trouve le père, se restreignent aux deux tiers de leurs créances et lui font remise de l'autre tiers? Dans ce cas, le fils devra-t-il restituer à la succession de son père la somme de 2,000 fr. ou celle de 3,000 fr.? La question se réduit à savoir si ce fils était donataire ou débiteur de son père. On distingue deux sortes de prêts, l'un fait à titre purement gratuit, l'autre fait avec intérêt : le premier constitue une véritable libéralité vis-à-vis de l'emprunteur, l'autre un contrat onéreux. C'est d'après cette distinction qu'on décidera à quel titre et en quelle qualité le fils devra rapporter la somme qu'il a reçue de son père sous la qualification d'un prêt, si c'est en vertu de l'art. 829 ou de l'art. 843. Il sera donataire s'il y a eu un prêt simple, c'est-à-dire dégagé de toute stipulation d'intérêt ; il sera débiteur si la somme ne lui a été remise par son père qu'à la condition d'en solder l'intérêt annuel.

Si donc la somme prêtée par son père ne devait pas produire d'intérêt, la convention constituait à son égard une véritable libéralité déguisée sous la forme d'un prêt ; il devra nécessairement le rapport des 3,000 francs qu'il a reçus de lui, conformément à l'art. 843. La remise faite par le concordat ne limitera pas son obligation, parce que, de quelque manière que le contrat soit envisagé, il n'y en aura pas moins un avantage de la part du défunt en faveur de son fils. Au contraire, le fils étant dans la réalité débiteur dans le cas où le prêt sera accompagné d'une stipulation d'intérêt, devra conserver le bénéfice de cette position particulière et ses cohéritiers en subir toutes les conséquences, comme son père lui-même y eût été obligé s'il eût survécu. Le fils devra alors à la succession moins un rapport qu'un paiement. Ce paiement sera évidemment des 2,000 francs, dividende fixé par le concordat, puisque le concordat a précisément pour effet de faire considérer le débiteur comme pleinement libéré de tout ce qui excède la somme à laquelle la dette a été réduite.

27. — Les dons manuels doivent être rapportés, alors même qu'ils n'auraient été constatés par aucun acte authentique, du moment que leur existence est établie d'une manière quelconque. Il en serait autrement s'ils roulaient sur une somme d'une modicité extrême, eu égard à la fortune du donateur.

28. — Les sommes que le défunt a déboursées dans une intention de libéralité pour établir l'un de ses successibles, par exemple, pour lui acheter un office, un fonds de commerce, des instruments nécessaires à une profession, doivent être rapportées par ce successible (851). Toutefois, il ne faut pas confondre les frais d'établissement avec les frais d'éducation et d'apprentissage, qui sont dispensés du rapport en vertu de l'art. 852, que nous examinerons au chapitre suivant ; ceux-ci ne font que préparer l'enfant à l'état qu'il remplira plus tard, ils ne le lui donnent pas.

Les sommes que le défunt a avancées pour l'établissement du successible, avec intention de les lui répéter, sont également sujettes à rapport dans le sens de l'art. 829, c'est-à-dire non comme dons, mais comme dettes. Cette distinction entre le rapport des dons et celui des dettes est fort importante, ainsi que nous l'avons fait observer en commençant. Ainsi, le donataire peut échapper au rapport en renonçant ; le défunt n'aurait pas pu de son vivant lui demander le paiement des sommes dépensées, tandis qu'il en est autrement s'il doit être considéré comme débiteur.

29. — L'argent employé pour racheter un successible du service militaire doit être rapporté par lui, à moins que la dépense puisse, à cause de la fortune considérable du défunt, n'être regardée que comme un cadeau modique, ou que le sacrifice fait par un père de famille sans fortune, ait été fait pour toute la famille à laquelle profitait le travail du jeune homme.

30. — L'art. 851 décide encore que l'héritier doit le rapport de ce qui a été employé pour le paiement de ses dettes ; en effet, en payant ses dettes, le défunt a fait à son successible un don ou un prêt, et dans l'un et l'autre cas le rapport est dû soit en vertu de l'art. 829, soit en vertu de l'art. 843.

Toutefois, le rapport ne serait pas dû si les dettes étaient peu importantes en égard à la fortune du défunt, dans le cas où le paiement aurait été fait par un père des dettes de son fils. Cette décision résulte de la discussion du projet de loi au conseil d'État : « M. Régnault de Saint-Jean-d'Angély demanda si un fils serait obligé de rapporter, lorsqu'ayant dépensé pendant ses études au-delà de la somme que son père lui avait allouée, celui-ci aurait payé l'excédant sans prendre de lui aucune quittance, et que le fait ne serait connu que par les mémoires trouvés parmi les papiers de la succession. — M. Treilhard répondit qu'on se déciderait, dans ce cas, par les circonstances; que les tribunaux ne condamneraient pas le fils à rapporter quelques sommes modiques que le père aurait payées pour lui, mais qu'il n'en serait pas de même si ces sommes faisaient une partie considérable du patrimoine du père. »

31. — Le rapport est-il dû des sommes payées par un père pour l'acquittement des dettes que son fils a contractées pendant sa minorité?

Une discussion importante s'éleva à ce sujet entre les membres du conseil d'Etat. Les uns voulaient que le rapport ne pût être ordonné que contre celui qui avait contracté la dette en majorité, et tout au plus contre le mineur qui était établi. « Point de doute, disait M. Berlier, que le rapport ne soit dû à l'égard des dettes contractées par un individu majeur, et qui ont été acquittées par le défunt à la succession duquel il vient avec d'autres héritiers. Mais doit-il en être ainsi des dettes faites en minorité? Supposons un enfant ou un jeune homme de seize à dix-huit ans, qui perde une forte somme au jeu, ou qui trouve chez des usuriers de l'argent pour satisfaire à quelques autres fantaisies de jeune homme : son père veut bien payer; mais si le rapport est de droit rigoureux, qu'en résultera-t-il? Que malgré toutes les précautions que les lois ont prises pour qu'un mineur ne puisse contracter ni s'obliger valablement, celui-ci aura pu en un jour et à l'avance dissiper toute sa fortune, uniquement parce qu'il aura plu à son père de payer une dette illégale. Pour ne point mettre ce point de législation en désaccord avec tous les principes qui veillent pour la fortune du mineur, il conviendrait, même pour la tranquillité des familles, de jeter un voile officieux sur les dettes de cette espèce, et de circonscrire l'action en rapport aux seules dettes pour le paiement desquelles le cohéritier aurait pu être valablement poursuivi en justice par le créancier remboursé.

Mais M. Treilhard répondit que le mineur, arrivé à un certain âge, échappe en grande partie à la surveillance de son père : que s'il entre au service, s'il prend un état, il acquiert une espèce d'indépendance qui ne doit pas être funeste à ses frères ; l'indulgence qu'il mérite ne doit pas aller jusqu'à lui permettre de les ruiner ; qu'au surplus le principe consacré par l'article subsiste depuis longtemps et n'a jamais produit d'inconvénients.

Sur de nouvelles observations de M. Tronchet et de M. Berlier, M. Bigot de Préameneu ajouta que le père était juge de la nécessité des dépenses, et que certes la crainte de ruiner son fils l'empêcherait de payer légèrement ses dettes. »

L'article fut adopté dans les mêmes termes dans lesquels il avait été proposé, quoique M. Berlier demandât qu'on fît une distinction entre les dettes pour le paiement desquelles le cohéritier aurait pu être valablement poursuivi en justice par le créancier remboursé, et celles pour lesquelles aucune action n'était accordée au créancier.

On voit donc que dans la pensée des rédacteurs le rapport pouvait être exigé du paiement de toutes les dettes contractées par un mineur. La jurisprudence, cependant, décide autrement. Partant de cette idée, que le paiement d'une dette *annulable* ne procure aucun avantage au successible qui l'a contractée, parce qu'il pouvait ne pas la payer et qu'elle a été mal à propos acquittée en son nom, les tribunaux ne soumettent pas au rapport ces sortes de dettes.

Nous croyons qu'en droit cette solution doit être adoptée. Le rapport, s'il était dû, romprait l'égalité au lieu de la maintenir, puisqu'il mettrait à la charge exclusive de l'un des successibles une dépense dont il n'a pas profité.

32. — L'héritier n'est pas seulement tenu de rapporter à la masse de la succession tout ce qu'il a reçu du défunt à titre de don, il doit, ainsi que nous l'avons déjà dit, rapporter encore tout ce qu'il a reçu à titre de prêt (art. 829 et 851).

Ce rapport improprement dit avait également lieu dans nos coutumes. Pothier décidait que le prêt qui avait été fait par le défunt à son héritier devenait un avancement d'hoirie lorsqu'il ne se trouvait pas acquitté au moment de l'ouverture de la succession. Par ce motif, 1° le rapport devait avoir lieu avant le partage de la succession, quoique la somme qui avait été prêtée ne fût pas encore exigible ; 2° dans le cas même où le capital avait été aliéné en rente perpétuelle ou viagère, il était rapportable sans que le débiteur pût offrir de continuer le paiement de la rente.

Telle est la théorie de l'art. 829. Si l'héritier débiteur n'était pas soumis au rapport, il pourrait retirer entière sa part héréditaire et laisser ses cohéritiers dans l'obligation de le poursuivre pour le paiement de ce qui leur revient dans la dette, et seulement lorsqu'elle serait devenue exigible. Ils en résulterait que les créanciers personnels de l'héritier, et notamment ceux dont les hypothèques légales ou judiciaires auraient atteint sa part d'immeuble au moment de l'ouverture de la succession, obtiendraient la préférence sur les cohéritiers, qui se trouveraient ainsi exposés à perdre leur portion dans le montant de la créance. Sans cet art. 829, dans le cas où la dette du successible n'est pas exigible au moment du partage, ce successible pourrait dissiper toute sa part héréditaire et se rendre insolvable pour le moment de l'exigibilité de la dette.

Ces considérations étaient des motifs assez puissants pour déterminer le législateur à écrire la disposition de notre article. Il y avait encore à craindre que les prêts faits par le défunt à son successible renfermassent des avantages au profit de ce dernier, et il était conséquent avec le principe d'égalité qui a dicté l'établissement du rapport de ne pas laisser subsister ces avantages au détriment des autres cohéritiers.

§ 2. — *Des libéralités indirectes.*

33. — Les libéralités indirectes sont celles que l'on fait par des moyens détournés pour cacher le caractère ou l'existence de la libéralité. Ces moyens sont très-nombreux, mais ceux qui se présentent le plus souvent peuvent se ranger dans trois catégories : 1° quand le défunt a fait une donation ou un legs à une personne interposée, pour remettre l'objet donné au successible ; 2° lorsque le disposant a déguisé sa donation sous la forme d'un contrat à titre onéreux ; 3° lorsque le défunt a renoncé à des droits qui lui étaient acquis dans le but d'avantager un de ses successibles.

Les libéralités déguisées sous l'apparence d'un contrat à titre onéreux, ou faites par personnes interposées, doivent-elles être rapportées?

34. — Avant d'entrer dans cette discussion, il faut décider la question de savoir si les donations ou legs faits au moyen de personnes interposées, et si les donations déguisées sous l'apparence d'un contrat à titre onéreux sont valables ; car si ces libéralités sont nulles, il ne pourra plus être question de rapport. Les choses qui en font l'objet devront être restituées à la masse de la succession sans que le donataire ou le légataire puisse y avoir aucun droit.

On regarde en général comme valables les donations et les legs faits par personnes interposées, du moment qu'ils ne contiennent pas de substitution prohibée. Les auteurs ne sont pas aussi unanimes pour résoudre la question de la validité des donations déguisées sous forme d'un contrat à titre onéreux. La jurisprudence, après avoir longtemps hésité, se décide aujourd'hui pour l'affirmative en s'appuyant sur les art. 911 et 1099.

Nous croyons que pour que cette donation soit valable, il faut que l'acte à titre onéreux sous l'apparence duquel elle est déguisée, réunisse toutes les formes prescrites pour la validité des donations : ce qui peut très-bien arriver, car une vente, par exemple, peut être faite devant notaire; l'acte qui la constate peut être dressé en minute et contenir en termes exprès la mention que l'acheteur a déclaré accepter l'offre de vente qui lui a été faite par le vendeur. Nous ne discuterons pas ici notre système, parce que cette question ne fait pas réellement partie de notre sujet : nous en ferons l'objet d'une de nos *propositions*.

35 — La solution de la question de savoir si, dans les cas où ils sont valables, les donations et les legs faits par personnes interposées et les donations déguisées sous la forme de contrats à titre onéreux sont dispensés de rapport, a donné naissance à deux systèmes diamétralement opposés, et soutenus tous les deux par des auteurs dont le nom fait autorité.

Voici sur quels arguments les partisans de la dispense de rapport basent leur opinion. Par donations indirectes, l'art. 843 n'entend pas les donations faites par interposition de personnes ou sous l'apparence d'actes à titre onéreux, il les distingue de toutes les autres libéralités faites par mille moyens qu'il est impossible de réduire à une formule unique, mais qui ne présentent aucun de ces caractères. Cette distinction est indiquée par l'article 1099 et justifiée par les art. 847, 849 et 919.

En effet, dans l'art. 1099, la loi distingue elle-même pour les donations faites entre époux celles qu'elle qualifie d'*indirectes* de celles qui pourraient avoir lieu par *interposition de personnes* ou sous l'*apparence d'actes à titres onéreux ;* elle réduit les premières à la portion disponible, tandis qu'elle annule les autres pour le tout. Dans l'espèce de l'art. 843, le même sens doit être attaché au mot *indirectement* que dans l'art. 1099; ce qui le prouve, c'est que tandis que l'art. 843 déclare les dons *indirects* rapportables tout comme les libéralités directes, à moins d'une dispense expresse, les art. 847 et 849 viennent affranchir du rapport les donations faites à personnes interposées. Sans doute, ces articles ne contiennent pas une dispense textuellement formulée de la sorte; mais si tel n'était pas le sens qu'il faut leur attribuer, ils seraient au moins inutiles. En disant que les libéralités faites au fils ou au conjoint du successible ne se rapportent pas, les articles 847 et 849 regardent bien évidemment ces dons comme s'adressant, non pas au fils ou au conjoint du successible, mais à ce successible lui-même. Sans cela il n'aurait pas été besoin de parler d'une dispense de rapport, puisque, comme nous le savons, le rapport n'est dû que par le *cohéritier* à ses *cohéritiers*. En prononçant la dispense de rapport, le législateur est parti de cette idée que le défunt donateur, en déguisant une donation que rien ne l'empêchait de faire ouvertement, n'a pu avoir d'autre but que d'empêcher qu'elle ne fût rapportée.

La discussion du projet de loi vient appuyer cette interprétation. L'art. 849, dans sa rédaction primitive, disait que les libéralités dont il s'agit n'étaient pas rapportables, sans dire pour quel motif et sans parler de dispense. C'est alors que M. Tronchet, qui entendait l'article dans le sens opposé, s'éleva contre cette disposition, en faisant observer qu'elle permettait à l'héritier de recueillir, *en fait*, les libéralités qu'on déclarait non rapportables, comme attribuées au conjoint. — M. Treilhard répondit qu'il n'y avait pas à se préoccuper de ce résultat, puisque rien ne s'opposait à ce que cette libéralité, qui arrivait à l'héritier avec dispense de rapport, par une voie détournée, ne lui eût été faite ouvertement avec cette clause. — A quoi M. Tronchet répliqua que si telle était la pensée des rédacteurs, ils entendaient établir par là une *présomption de dispense*, et que dès lors il valait mieux l'exprimer ouvertement. C'est cette observation qui fut accueillie par le conseil d'État, et qui fit rédiger l'art. 849 comme nous le voyons aujourd'hui.

Les mêmes motifs qui ont amené le législateur à reconnaître une dispense de rapport dans le cas dont nous venons de parler ont dû le déterminer à admettre la dispense du rapport des libéralités faites à un héritier sous l'apparence d'un contrat à titre onéreux. Lorsqu'une personne, pouvant donner ouvertement un objet, simule une vente pour en faire passer la propriété à l'un de ses successibles, c'est évidemment pour lui en assurer la propriété *exclusive*, sans froisser les susceptibilités ou exciter la jalousie qu'une donation ostensible avec dispense de rapport eût pu faire naître parmi les autres cohéritiers. Il lui était impossible de dispenser expressément du rapport un objet que l'acte présente comme vendu.

Cette décision n'est, à la vérité, écrite nulle part dans la loi, mais l'art. 918 semble la supposer. En effet, cet article déclare que quand une personne aura fait une vente à charge de rente viagère avec réserve d'usufruit à l'un de ses héritiers, cette prétendue vente sera regardée de plein droit comme une *donation déguisée ;* puis il ajoute immédiatement qu'en conséquence elle devra être imputée sur la portion disponible, de manière que l'excédant, s'il y en a, devra être rapporté à la masse. Il est impossible de ne pas reconnaître là la pensée du législateur, qui ne veut soumettre une donation déguisée sous la forme d'un contrat à titre onéreux qu'à la *réduction* et non au rapport.

Quelle que soit la force des arguments produits à l'appui du système que nous venons d'exposer, nous ne croyons pas qu'il puisse être admis en présence des textes du Code.

La distinction qu'on établit entre les libéralités déguisées sous l'apparence d'un contrat à titre onéreux ou faites par personnes

interposées, et les libéralités indirectes dont parle l'art. 843, me
paraît purement arbitraire. Il n'y a rien de plus indirect qu'une
libéralité obtenue par un détour, par suite d'une déviation aux
règles ordinaires des libéralités. On ne trouve point cette distinction dans l'art. 1099. Le mot *indirectement,* dont la loi se sert
dans le premier alinéa de cet article, a un sens générique qui
s'applique à toutes les donations qui ne sont point faites selon
les formes prescrites par les art. 931 et suivants, et par conséquent aux donations déguisées sous la forme d'un contrat à titre
onéreux. Le second alinéa doit s'expliquer par le premier; il
faut l'entendre en ce sens que les donations *déguisées* sont nulles
pour tout ce qui excède la quotité disponible. Le législateur, en écrivant cet article, n'a voulu qu'une chose : protéger l'intérêt des
héritiers *réservataires;* il n'est pas nécessaire, pour arriver à ce
but, qu'il *annule* la donation, l'action en réduction suffit.

L'art. 843 n'est que la reproduction du système des coutumes
en matière de rapport. L'art. 303 de la coutume de Paris disait :
« Père et mère ne peuvent par donation entre-vifs, par testament et ordonnance de dernière volonté, *ou autrement en manière
quelconque,* avantager leurs enfants venant à leur succession l'un
plus que l'autre. » Or, voici ce que les commentateurs entendaient par avantage *en manière quelconque :* « La coutume en ces
termes, dit Pothier, assujettit au rapport tous les avantages, tant
directs qu'indirects, faits par les père, mère ou autres ascendants
à leurs enfants. C'est un avantage indirect qu'un père fait à l'un
de ses enfants, lorsqu'il donne quelque chose à une tierce personne interposée pour la rendre à cet enfant. L'enfant est tenu
au rapport de la chose que lui a rendue la tierce personne à qui
elle avait été donnée, non-seulement lorsque la charge de la lui
rendre se trouve exprimée, ou dans la donation même faite à
cette tierce personne, ou dans quelque contre-lettre, par laquelle
cette tierce personne se serait obligée de rendre la chose à l'enfant, auxquels cas il est sans difficulté que la donation faite à la
tierce personne soit indirectement faite à l'enfant; mais même
dans le cas où il n'y aurait aucun acte par écrit, qui assurerait
que la donation faite à la tierce personne lui a été faite à la charge
de rendre à l'enfant, si les circonstances le persuadent, il faudra

pareillement décider que l'enfant sera sujet au rapport de cette chose. On appelle aussi avantages indirects tous les actes qui, étant passés entre le père et l'un de ses enfants, sous un autre nom que celui de donation, renferment néanmoins un avantage au profit de l'enfant. Ces avantages sont pareillement sujets à rapport. » Ferrière, Dumoulin, Lebrun, admettent la même interprétation.

Les mots de l'art. 843 : *Tout ce qu'il a reçu du défunt entre-vifs, directement ou indirectement,* sont l'équivalent des mots de la coutume de Paris : *donation entre-vifs ou avantages faits en manière quelconque;* et nous trouvons dans l'art. 853 la preuve que le législateur français a adopté la doctrine des anciens commentateurs sur l'interprétation qui doit en être faite. En effet, cet article dispense du rapport le profit que l'héritier a pu retirer des conventions passées avec le défunt, *si ces conventions ne présentaient aucun avantage indirect lorsqu'elles ont été faites.* Il résulte de là, par argument *a contrario,* que si au contraire les conventions présentent un avantage indirect au moment où elles ont été faites, les projets que l'héritier a pu retirer sont sujets au rapport. Or, tout contrat fait dans la forme d'un acte à titre onéreux, s'il n'est au fond qu'une libéralité déguisée, est assurément une de ces conventions qui présentent, lorsqu'elles sont faites, un avantage indirect.

A l'argument tiré des art. 847, 848 et 849, on peut répondre que, alors même qu'il serait vrai que ces articles contiendraient, pour les cas auxquels ils s'appliquent, une dispense de rapport fondée sur ce que la libéralité ne serait pas faite directement au successible lui-même, on n'en pourrait pas conclure que la dispense du rapport doit être étendue à toute espèce de donation déguisée. Ce serait une exception au principe général consacré par les art. 843 et 853, exception qu'il faudrait restreindre au cas spécialement prévu. Mais rien n'indique que c'est en considérant comme faites indirectement au successible les libéralités dont son père, son fils, son conjoint aurait été l'objet direct, que ces libéralités sont de plein droit dispensées de rapport.

L'interposition de personne n'est présumée légalement avoir eu lieu, dans les cas prévus par l'art. 911, que lorsqu'il y a incapacité de recevoir pour le père, le fils ou le conjoint de celui auquel la libéralité est faite en apparence. C'est là une fiction de la loi qui doit être restreinte, comme l'exception, au seul cas pour lequel elle a été créée ; il n'est pas permis de l'étendre au cas où le fils, le père ou le conjoint du donataire est aussi capable de recevoir que le donataire lui-même. Les art. 847, 848 et 849 ont pour but de dispenser de rapport la libéralité, précisément parce qu'elle est réellement faite à celui auquel elle s'adresse en apparence ; c'est une consécration de ce principe, que nul ne peut rapporter que ce qui a été donné à lui-même. Si on recherche maintenant quelle est l'utilité des art. 847, 848, 849, on peut dire : que souvent, quoique faite au père, au fils, au conjoint du successible, la libéralité peut profiter au successible lui-même, et sans la dispense expresse prononcée par ces articles, on aurait peut-être pu invoquer les termes si généraux de l'art. 843, pour demander qu'elle fût soumise au rapport. Sous l'empire de l'ancien droit, de nombreuses contestations s'élevaient sur le point de savoir si un fils devait rapporter ce qui avait été donné à son père, un père ce qui avait été donné à son fils, un époux ce qui avait été donné à l'autre époux : le législateur a cru qu'il était nécessaire d'écrire une disposition expresse pour tarir la source de toutes ces contestations.

L'induction que l'on tire de l'art. 918 n'est pas plus décisive. La vente à rente viagère n'est pas, par sa nature, une donation indirecte, c'est un contrat aléatoire, et par conséquent à titre onéreux. L'art. 918, dans le cas particulier où la vente est faite à un successible en ligne directe, traite ce contrat à l'égal d'une donation, en ordonnant que la valeur des biens aliénés sera imputée sur la quotité disponible, et l'excédant, s'il y en a, rapporté à la masse. Mais à l'égard de tous autres, même des successibles en ligne collatérale, elle conserve son caractère de contrat aléatoire et conséquemment à titre onéreux. On ne peut donc pas dire que les ventes à rente viagère étant dispensées de rapport quoique constituant des donations déguisées, il s'ensuit que la dispense du rapport pour toute donation déguisée est dans l'esprit de la loi. C'est au contraire parce que ces sortes de vente ne sont pas en principe des donations déguisées, parce qu'elles n'ont ce caractère que dans un cas exceptionnel et spécialement privé, et que dans tous les autres elles constituent véritablement des aliénations à titre onéreux, qu'elles sont dispensées du rapport. Alors même que ces sortes de ventes devraient être regardées comme renfermant dans tous les cas des donations déguisées, ce serait une exception au principe des art. 843 et 853, exception qu'il faudrait limiter aux cas de vente à rente viagère et ne pas étendre au-delà. Si l'on décidait que la dispense de rapport doit-être étendue à toutes les donations déguisées, comment interpréterait-on l'art. 853, qui soumet virtuellement au rapport tous les avantages résultant de conventions passées avec le défunt?

Admettre que le déguisement établit d'une manière suffisante la volonté du donateur de disposer hors part, c'est donner à un acte simulé une faveur que n'aurait pas un acte sincère, car on ne peut pas trouver dans le déguisement autre chose qu'une volonté *tacite* de dispense; et une volonté *tacite,* résultant de toute autre espèce de circonstance, ne dispense pas de rapporter une libéralité directe. La présomption de dispense de rapport que l'on fait résulter de la simulation d'acte ou de l'interposition de personnes n'est d'ailleurs rien moins qu'infaillible. Il peut arriver qu'en employant ce déguisement le donateur se soit proposé tout autre chose que de dispenser du rapport, par exemple, d'éviter des jalousies et des haines entre les successibles. Il pouvait d'ailleurs, tout en dispensant le donataire du rapport, conserver le secret de sa libéralité, en écrivant cette dispense dans un testament olographe qu'il lui eût confié.

36. — Les avantages provenant de contrats à titre onéreux passés entre le défunt et l'un de ses successibles doivent être rapportés lorsqu'ils résultent immédiatement des contrats eux-mêmes. Ainsi, lorsqu'un père vend à son fils, pour la somme de 1,000 fr., un immeuble dont la valeur réelle est de 2,000 fr. au moment de la passation du contrat, rapport est dû de la somme de 1,000 f., parce que si le *de cujus,* au lieu de vendre son immeuble à son successible, l'eût vendu à un étranger, il eût enrichi son patrimoine de cette somme. Le même résultat n'aura pas lieu si le bénéfice fait par le successible provient d'une cause postérieure au contrat, par exemple d'une augmentation de la valeur de l'im-

meuble causé par le percement d'une rue. Dans ce cas, il ne sera pas vrai de dire que le *de cujus* a appauvri son patrimoine ; la vente qu'il eût faite à un étranger n'eût pas produit un résultat plus favorable pour ses autres héritiers.

Il est donc essentiel, pour la question du rapport de ces sortes de bénéfices, de considérer l'intention du vendeur. C'est dans ce sens qu'il faut entendre la règle posée par Lebrun : « Il y a lieu de douter que le moindre profit que le fils puisse faire sur la vente qui lui a été consentie par son père soit sujette à rapport, puisque s'il eût perdu il eût supporté cette perte sans pouvoir en demander récompense ni indemnité contre la succession. »

Le mode de procéder pour reconnaître le véritable caractère du bénéfice procuré à un successible par un contrat à titre onéreux est laissé à l'appréciation des tribunaux. Chabot indique la règle qu'il faudra suivre le plus souvent.

Les immeubles n'ayant pas de prix fixe, dit-il, et la proportion entre la valeur et le prix ne pouvant être établie d'une manière absolue, une légère différence ne prouve pas qu'il y ait eu dessein de frauder ; et d'ailleurs, il n'est pas vraisemblable que le père se soit déterminé à vendre son bien pour ne donner qu'un modique avantage. La loi ne prohibe pas les transactions faites entre le père et les fils, lorsqu'elles sont faites sans fraude ; mais lorsque dans une vente consentie par le père au profit d'un de ses enfants, il existe une différence considérable entre le prix et la valeur de l'objet vendu, il ne peut y avoir de doute ; c'est une donation déguisée que le père a voulu faire, et l'enfant doit rapporter.

37. — Lorsque le tribunal aura reconnu que la vente contient un avantage indirect et aura décidé que le rapport doit avoir lieu, il faudra se demander si l'enfant doit rapporter l'immeuble vendu ou seulement l'excédant de la juste valeur.

Cette question avait divisé les jurisconsultes dans l'ancien droit. Pothier voulait que le fils fût assujetti à rapporter l'héritage qui lui avait été vendu à vil prix par son père, sans qu'il fût nécessaire de rechercher si ce dernier avait eu le dessein de s'en défaire et de le vendre réellement, ou s'il n'avait fait cette vente que pour couvrir un avantage qu'il voulait faire à son fils. « Ce serait, dit-il, donner matière à trop de discussions que de rechercher si le père avait eu effectivement l'intention de vendre l'héritage ; il ne serait pas facile de la découvrir, et il pourrait arriver très-souvent que le père eût fait afficher cet héritage à vendre sans avoir aucune intention de le vendre, mais pour mieux couvrir l'avantage qu'il voulait faire à son fils. »

Lebrun voulait au contraire qu'on recherchât si le père avait eu réellement l'intention de vendre, ou s'il n'avait voulu faire qu'un avantage indirect ; dans le second cas il décidait comme Pothier, mais dans le premier on ne devait considérer comme donation que la somme qui avait été remise au fils sur le juste prix : cette somme seule devait être rapportée. Pour connaître, dit-il, si la vente est faite principalement à l'effet de donner, et s'il y a de la feinte dans le contrat pour faire passer comme vente ce qui est donation, la vileté du prix est une chose importante ; le reste est à l'arbitrage du juge.

Que décider sur cette question sous l'empire de notre Code ? Il n'existe aucune indication précise à ce sujet ; il est dit seulement que le rapport est dû de ce qui avait été donné par le défunt. Grenier pense que, pour simplifier et éviter les inconvénients signalés par Pothier, on peut admettre en règle générale que, si la juste valeur excède de plus de moitié le prix stipulé dans l'acte, la donation devra être présumée plutôt que la vente, et qu'en conséquence le bien devra être rapportable en entier et en nature, sauf l'indemnité à payer au donataire ; que si au contraire le prix stipulé n'est pas inférieur à la moitié de la juste valeur, on doit présumer qu'il y a eu vente plus que donation. Et dans ce cas le fils ne doit être tenu que de rapporter la différence existant entre le prix stipulé et la juste valeur. Ce procédé peut s'appuyer, dit-il, par analogie sur l'art. 866.

Nous ne pouvons admettre cette opinion ; le raisonnement d'analogie basé sur l'art. 866 nous semble complètement dénué de fondement. La solution de Lebrun, au contraire, est parfaitement applicable sous notre Code. De deux choses l'une : ou il y a une vente réelle et une libéralité consistant en une somme d'argent, alors l'immeuble doit rester entre les mains de l'acheteur et la somme d'argent être rapportée comme un meuble ; ou bien il y a donation déguisée, et alors l'immeuble devra être rapporté en nature. Les tribunaux auront à décider quelle est la véritable nature de l'acte.

38. — On doit appliquer au rapport des avantages résultant pour le successible d'une association faite entre lui et le *de cujus*, les règles que nous avons développées au commencement du numéro précédent. Lorsque cette association ne présente, au moment où elle est formée, aucun don au profit du successible, lorsque. le défunt a traité avec lui comme il eût traité avec tout autre, il est clair que quoique l'association ait ensuite procuré des bénéfices à l'héritier, elle ne constitue pas une libéralité : il ne peut être dû de rapport pour ce cas.

L'art. 854 exige que l'association, pour qu'elle ne puisse pas fonder une demande de rapport, soit faite sans fraude et constatée par un acte authentique. M. Marcadé croit que l'acte authentique ne doit pas être exigé absolument et sans exception. Il est évident, dit-il, que la loi n'a demandé un acte authentique que dans le but de garantir les cohéritiers contre la fraude des contractants, en assurant à ces cohéritiers la connaissance des conditions de l'association. Lors donc que l'acte de société, sans revêtir les caractères de l'acte authentique proprement dit, sera cependant rédigé dans les formes spéciales que la loi trace elle-même pour ces sortes d'actes, toute présomption de fraude sera nécessairement écartée. Ainsi, on devra considérer comme équivalant à une association réglée par acte authentique une société en nom collectif ou en commandite, qui aura été constatée par un acte sous seing-privé enregistré, lorsqu'un extrait de cet acte aura été transcrit et affiché au greffe du tribunal de commerce, conformément aux art. 42 et 43 du Code de commerce.

Cette décision n'est pas compatible avec le texte de l'art. 854. L'acte authentique ne peut pas être remplacé par un autre acte, alors même que ce serait un acte sous seing-privé enregistré, et qu'un extrait en aurait été déposé au greffe du tribunal de commerce, et l'on comprend pour quel motif. Un acte sous seing-privé peut être détruit au gré des parties, et les cohéritiers du successible seront ainsi privés du moyen d'étudier les clauses de la société, pour s'assurer si elle contient ou non des avantages indirects. L'enregistrement ne remédie pas à cet inconvénient; il donne à l'acte une date certaine, mais il n'assure pas sa conservation. Le receveur d'enregistrement constate seulement que tel contrat a été fait tel jour entre telle et telle personne, il ne mentionne pas les clauses du contrat. L'extrait déposé au greffe du tribunal, affiché dans les journaux et dans la salle d'audience, n'empêche pas que les parties puissent faire disparaître l'original et priver ainsi les cohéritiers de tout contrôle sérieux, car les extraits déposés et affichés ne mentionnent pas toutes les clauses des actes. Au reste, l'art. 854 dit textuellement qu'un acte authentique est nécessaire.

Nous n'admettons pas davantage cette autre opinion de M. Marcadé, qui consiste à dire que l'art. 854 n'établit pas une présomption absolue de libéralité lorsque les associations n'ont pas été constatées par acte authentique; que dans tous les cas il faudra que le juge trouve dans d'autres circonstances la preuve du déguisement de libéralité pour ordonner le rapport. Nous croyons que le rapport devra être ordonné indépendamment de toute autre preuve, et que ce sera au successible-associé à fournir des preuves de la sincérité de l'acte s'il veut être dispensé de cette obligation.

39. — On doit encore classer parmi les avantages indirects sujets à rapport, la renonciation faite par le défunt à des droits qui lui étaient acquis, dans le but d'avantager un de ses successibles.

Y a-t-il lieu à rapport 1° lorsqu'un père renonce soit à un legs, soit à une succession, auquel il était appelé conjointement avec son fils, et fait ainsi passer à son fils, au préjudice de ses autres enfants, la totalité du legs ou de la succession?

2° Lorsqu'une femme qui a convolé en secondes noces renonce à la communauté qu'elle avait contractée avec son second mari, quoique la communauté soit évidemment avantageuse, et fait ainsi profiter ses enfants du second lit de la totalité des biens de cette communauté, dont une portion aurait appartenu à ses enfants si elle avait accepté?

3° Lorsque cette femme accepte la communauté qui se trouve en mauvais état, et prive ainsi ses enfants du premier mariage de son apport dans la communauté?

Ces questions étaient débattues dans l'ancien droit. Pothier soutenait que dans le premier de ces cas il n'y avait pas davantage sujet à rapport, et voici comment il motivait sa décision : « Tous les actes d'un père ou d'une mère, dont quelqu'un des enfants ressent quelqu'avantage, ne sont pas des avantages indirects sujets à rapport; il n'y a que ceux par lesquels les père et mère font passer quelque chose de leurs biens à leurs enfants, par une voie couverte et indirecte. C'est ce qui résulte de l'idée même que renferme le terme de rapport; car rapporter signifie remettre à la place des biens du donateur quelque chose qui en est sorti ; on ne peut pas y remettre, y rapporter ce qui n'en est pas sorti ; donc, il ne peut y avoir lieu au rapport que lorsqu'un père ou une mère ont fait sortir quelque chose de leurs biens, qu'ils ont fait passer à quelqu'un de leurs enfants. »

Bourjon pensait que la renonciation faite par une veuve à la communauté qui existait entre elle et son second mari n'autorisait pas les enfants du premier lit à demander le rapport de la portion de communauté dont la mère les avait frustrés, pour en faire profiter les enfants du second lit ; il se fondait sur ce que la veuve n'avait fait qu'user de son droit en renonçant à la communauté, et qu'on devait présumer qu'elle n'avait renoncé que pour se débarrasser des affaires, non pour avantager ses enfants du second lit.

Sur la troisième question, Pothier était d'avis que le rapport devait être exigé. « La femme, dit-il, a véritablement eu la créance de reprise de son rapport, quoiqu'elle dépendît de la condition de sa renonciation à la communauté qui n'a pas existé ; car cette condition étant purement potestative, il ne tenait qu'à elle qu'elle existât, et par conséquent il ne tenait qu'à elle d'exercer cette reprise. Elle en avait donc le droit, et c'est en quelque façon une remise qu'elle a faite de ce droit à ses enfants, en faisant volontairement manquer la condition par son acceptation d'une communauté évidemment mauvaise. »

Ces distinctions, admises par les auteurs dans l'ancien droit, se trouvent en opposition évidente avec le texte comme avec l'esprit du Code, et notamment de l'art. 843. Nous croyons que le rapport doit être admis dans tous les cas.

En effet, l'art. 1014 dit que tout legs pur et simple donnera au légataire un droit à la chose léguée, droit transmissible à ses héritiers et ayant-cause ; donc le légataire est saisi du droit de réclamer le legs dès le jour de la mort du donateur, et par suite la renonciation à ce legs doit être considérée comme une véritable aliénation par lui faite d'un droit dont il était saisi. Lors donc qu'un père, à qui un legs avait été fait conjointement avec un de ses fils, y renonce pour en faire profiter exclusivement le fils appelé avec lui conjointement au legs, il aliène réellement une portion de son patrimoine, et procure ainsi un avantage indirect à cet enfant, comme il lui en procurerait un direct si, après avoir accepté le legs, il lui abandonnait les biens compris dans ce legs. Le bénéfice que l'enfant recueillera de la renonciation de son père devra donc être rapporté par lui, en vertu de l'art. 843.

Ceci, bien entendu, ne fait que répondre à l'argument produit par Pothier dans sa première décision, et il ne s'ensuit pas que dans tous les cas le bénéfice procuré au fils par la renonciation de son père sera sujet à rapport : il faudra de plus que cette renonciation ait été faite *animo donandi*. Il peut très-bien se faire, en effet, que le père renonce au legs fait à son profit, parce qu'il craint de trouver plus d'embarras que de profit , et qu'il veut se débarrasser de l'administration et de la liquidation de la succession. Les tribunaux auront à apprécier, sur la demande formée par les héritiers, quel motif a dicté la renonciation du défunt. S'il résulte des circonstances que cette renonciation cache un avantage indirect, par exemple, parce que le legs présentait évidemment des avantages assurés, le rapport sera ordonné. Si au contraire les circonstances de la cause attestent que la renonciation a été faite de bonne foi et nullement en vue de procurer un avantage indirect à un successible au préjudice des autres, on ne devra pas ordonner le rapport.

Notre décision est conforme à celle que Pothier donnait sur la troisième des questions que nous avons posées; elle était adoptée par Lebrun. Cet auteur avait décidé que dans le cas où une mère aurait renoncé à une succession opulente de son frère unique, et aurait fait ainsi passer tous les fiefs de cette succession à ses enfants mâles qui devenaient héritiers de leur chef, au préjudice de ses filles qui ne pouvaient succéder aux fiefs, la renonciation devait être regardée comme un avantage indirect que la mère avait voulu faire à ses fils, des fiefs compris dans la succession de son frère.

Sur la seconde et la troisième question, nous nous prononçons pour l'obligation du rapport, par les mêmes raisons que nous avons exposées pour la renonciation aux legs. La femme, en renonçant à une communauté avantageuse ou en acceptant une communauté évidemment mauvaise, et se privant ainsi de la faculté de reprendre ses apports, renonce à un droit acquis, elle diminue la valeur de son patrimoine par cette renonciation ; et comme cette diminution profite à quelques-uns de ses enfants seulement, tandis que les autres en éprouvent un préjudice, il doit y avoir lieu à rapport. Les tribunaux, bien entendu, auront à examiner si la renonciation à la communauté ou son acceptation ont eu lieu en vue de procurer un avantage à un des enfants.

———

CHAPITRE VI.

DES LIBÉRALITÉS DISPENSÉES DU RAPPORT PAR LA LOI.

40. — L'art. 843 dispense du rapport toutes les libéralités qui ont été faites expressément à titre de préciput et hors part. Nous avons traité dans notre chapitre second tout ce qui concerne la dispense de rapport accordée par le défunt ; il ne nous reste plus à traiter dans ce chapitre que des libéralités qui sont dispensées du rapport par la loi.

Les art. 853 et 854 disposent : qu'il n'est pas dû de rapport pour les profits que l'héritier a pu retirer de conventions passées avec le défunt, si ces conventions ne présentaient aucun avantage indirect lorsqu'elles ont été faites, ni pour les associations faites sans fraude entre le défunt et l'un de ses héritiers, si ces associations ont été réglées par un acte authentique. Nous avons donné l'explication de ces articles en traitant des *libéralités indirectes :* la dispense du rapport que la loi prononce était inutile, elle était indiquée par les principes qui régissent la matière : l'obligation de rapporter suppose une libéralité; or, dans l'espèce, il n'en existe pas.

D'après l'art. 852, les frais de nourriture, d'entretien, d'éducation, d'apprentissage; les frais ordinaires d'équipement, ceux de noces et présents d'usage ne doivent pas être rapportés.

Chabot trouve dans l'art. 203 le motif qui a décidé le législateur à dispenser du rapport les frais de nourriture, d'entretien, d'éducation et d'apprentissage : « Les père et mère, dit-il, qui fournissent les aliments, l'entretien et l'éducation à leurs enfants, ne font pas un don, ils acquittent une obligation sacrée qui leur est imposée par la nature; les époux, d'après l'art. 203 du Code, contractent par le fait seul du mariage l'obligation de nourrir, entretenir et élever leurs enfants; les frais de nourriture, d'entretien, d'éducation et d'apprentissage ne sont donc pas sujets à rapport, car il n'y a que les dons qui soient rapportables. »

Ce point de vue pouvait être juste en droit romain, où le rapport n'avait lieu qu'en ligne directe descendante; mais il est évidemment inexact sous l'empire de notre Code, qui d'une part impose l'obligation du rapport à tous les héritiers sans distinction de lignes, et d'autre part les affranchit tous indistinctement du rapport des objets mentionnés en l'art. 852, quoique l'obligation de fournir ces dépenses ne soit imposée par l'art. 203 qu'aux père et père à l'égard de leurs enfants.

Les rédacteurs du Code, en écrivant cet article, sont partis de cette idée que le défunt n'a pas entendu soumettre son héritier au rapport des libéralités de cette nature qu'il lui a faites. Ces frais de nourriture, d'entretien, d'éducation et d'apprentissage ne sont ordinairement faits que par des personnes riches, et, à bien considérer les choses, n'amènent pas une diminution du patrimoine, elles se prennent sur les revenus, qui auraient été dépensés d'une autre manière. Celui qui a fait ces libéralités a su les compenser par d'autres économies, de sorte que quand elles n'auraient pas eu lieu, la masse des biens à partager lors du décès ne serait pas sensiblement plus considérable. La loi ne s'occupe d'assurer l'égalité entre copartageants que pour le capital, par conséquent ces différents dons devaient trouver un motif de dispense dans leur nature même.

C'est à tort, selon nous, que l'on déciderait que les frais d'entretien et d'éducation faits pour un successible qui avait personnellement les moyens d'acquitter ces frais sont sujets à rapport. Sans doute il devrait en être ainsi, si l'on adoptait la doctrine de Chabot, puisque dans ce cas l'obligation qui donne naissance au rapport cesserait d'exister; mais l'admission du principe que nous venons de développer conduit logiquement à accorder la dispense du rapport aux successibles en ligne collatérale, aussi bien qu'aux successibles en ligne directe, et à ceux qui auraient été en état de pourvoir au moyen de leur fortune personnelle à ces différents frais, aussi bien qu'à ceux qui n'avaient pas de ressources par eux-mêmes. Toutefois, notre décision n'est exacte qu'autant que les dépenses ont été faites *animo donandi* ; si le défunt n'avait fait qu'avancer les fonds avec l'intention de se faire rembourser, l'art. 829 devrait recevoir son application pour ces dettes comme pour les autres.

Le legs de sommes destinées à pourvoir à la nourriture et à l'éducation d'un successible, fait sans clause de préciput, devrait être rapporté, en vertu de la règle générale de l'art. 843, qui ne permet pas à l'héritier légataire de réclamer les legs qui lui ont été faits, à moins qu'ils n'aient été expressément dispensés par le défunt.

On ne doit pas considérer comme sujette à rapport la nourriture donnée à un enfant, en exécution d'une promesse faite par contrat de mariage. La décision de Denizart qui dit que : « les frais de fiançailles, de noces et de festin, les présents faits ne sont pas sujets à rapport, mais les nourritures promises par un contrat de mariage ou fournies sans promesse depuis le mariage sont sujettes à être rapportées, parce qu'elles font partie de l'établissement, tandis que les autres font partie de l'entretien. » Cette décision, dis-je, est précisément rejetée par l'art. 852, qui met les frais de nourriture et d'entretien sur la même ligne que les frais d'éducation.

Si , sous la forme et le nom des libéralités modiques dont parle l'art. 852, le défunt avait procuré à son héritier des avantages considérables, le rapport pourrait, selon les cas, être exigé. Si, par exemple, au lieu de donner à un jeune homme les livres nécessaires pour son éducation, on lui avait acheté toute une bibliothèque, si les objets qu'on veut faire passer comme simples présents formaient la partie notable d'un trousseau, le rapport pourrait quelquefois être ordonné. Le juge aurait à apprécier l'ensemble des circonstances de ces dons, dont la principale serait la plus ou moins grande fortune du disposant.

On doit ranger dans les simples frais d'éducation les dépenses faites pour obtenir le grade de docteur, aussi bien que celles faites pour obtenir celui de bachelier ou de licencié ; les grades pris dans les Facultés de médecine aussssi bien que ceux pris dans les Facultés de droit. Le doctorat ne peut être regardé comme un établissement, et les grades qui donnent l'aptitude à l'exercice de la médecine n'assurent pas la profession de médecin.

41. — D'après l'art. 856, les fruits et intérêts des choses sujettes à rapport ne sont dus qu'à compter du jour de l'ouverture de la succession, donc tous les fruits et intérêts perçus avant le décès du *de cujus* sont dispensés du rapport.

Cette exception à la règle de l'art. 843 se justifie pleinement en équité. En effet, la loi a dû supposer chez le donateur l'intention de dispenser le donataire du rapport des fruits ou intérêts, sans cela on ne comprendrait pas pourquoi il aurait fait une donation puisqu'elle n'aurait aucune utilité. La chose donnée n'eût été qu'un dépôt entre les mains du donataire, par conséquent une charge dangereuse pour lui, puisque tout dépôt emporte l'obligation de conserver la chose déposée, sous peine de dommages et intérêts. D'ailleurs, le droit accordé au donataire de conserver les fruits et intérêts qu'il a perçus ne nuit pas à ses héritiers, car il est probable que le disposant les eût consommés s'il les eût perçus lui-même.

Dans l'ancien droit, Pothier décidait de la même manière la question du rapport des fruits. « On n'est pas obligé, dit-il, au rapport des fruits ; la raison en est évidente : l'enfant ne doit le rapport que de ce qui lui a été donné ; or, on ne lui a donné que l'héritage. Quoique ce soit en conséquence de la donation qui lui a été faite de l'héritage qu'il en ait perçu les fruits, il est néanmoins vrai de dire que ce ne sont pas les fruits qui lui ont été donnés, et qu'on ne lui a donné autre chose que l'héritage ; il ne doit donc que le rapport de l'héritage. »

Les droits d'un donataire en avancement d'hoirie sont, en ce qui concerne les fruits provenant de l'objet donné, les mêmes que ceux de l'usufruitier. Ainsi, il faudra distinguer entre les fruits naturels ou industriels, c'est-à-dire ceux qui sont le produit spontané de la terre ou ceux qu'on obtient par la culture, art. 583, et les fruits civils, c'est-à-dire les loyers des maisons, les intérêts des capitaux et les prix des baux à ferme. Conformément à l'art. 585, les fruits naturels ou industriels pendants par branches ou par racines au moment de l'ouverture de la succession du donateur appartiendront, non pas au donataire, mais à la succession, parce que ces fruits ne s'acquièrent que par la perception, et qu'ils n'étaient pas encore perçus par le donataire au moment du décès du donateur. Les fruits civils, au contraire, étant réputés s'acquérir jour par jour (art. 586), sont dus au donataire en proportion du temps écoulé depuis le moment où ils ont été payés pour la dernière fois jusqu'au décès du donateur.

42. — On doit regarder comme affranchis du rapport les arrérages des rentes perpétuelles ou viagères dont le successible a été gratifié par le défunt, sans distinction entre celles qui étaient dues par un tiers au défunt et celles que celui-ci s'est lui-même engagé à servir.

La même décision doit s'appliquer aux produits d'un usufruit dont le défunt a avantagé un de ses successibles, soit en lui cédant son usufruit établi sur un objet appartenant à un tiers, soit en établissant un usufruit sur un objet dont il était lui-même propriétaire, soit en renonçant à un usufruit constitué sur un objet dont le défunt a la propriété.

La dispense de rapport doit encore s'appliquer aux concessions de fruits à percevoir par le donataire pendant la vie du donateur, ainsi qu'aux pensions annuelles que le défunt s'est obligé de payer en argent ou de fournir en nature à l'un de ses successibles, lors même que ces concessions de fruits ou ces pensions annuelles consenties en dehors de tout établissement d'usufruit ou de toute constitution de rente n'auraient point, à vrai dire, revêtu le caractère de produits d'usufruit et d'arrérages de rente.

Ces solutions ne sont pas admises universellement. M. Duranton prétend que le défunt en donnant la jouissance d'un domaine ne donne qu'une succession de fruits, que ces fruits sont l'unique objet de sa libéralité, et que si les produits ne devaient pas être rapportés, le donataire aurait tiré de la donation le même avantage qu'il aurait trouvé dans le don de la toute propriété. Il en conclut que les arrérages des rentes et les produits des droits d'usufruit doivent être rapportés.

Les motifs allégués à l'appui de cette opinion ne sont pas exacts. L'objet donné, c'est le droit de jouissance, le droit d'usufruit; les fruits sont les produits de cet objet, et le don d'usufruit n'est point assimilé au don de la propriété, car si l'héritier renonçait à la succession pour ne point rapporter l'objet de la libéralité, il ne conserverait dans notre espèce que l'usufruit du domaine, tandis qu'il aurait dans l'autre cas le domaine lui-même. En acceptant, il rapporte à la succession le droit d'usufruit en conservant les fruits; comme dans l'autre cas il rapporterait, toujours en conservant les fruits, la propriété même.

Dans le droit coutumier on décidait dans notre sens, parce que, dit Chabot, les dons de jouissance de rentes ou de pensions étaient présumés faits pour aliments, comme les dons des choses qui produiraient des fruits ou des intérêts, et qu'à l'égard des uns comme à l'égard des autres les donataires auraient éprouvé un préjudice notable des donations mêmes qui leur auraient été faites, s'ils avaient été tenus de rapporter les fruits, intérêts, jouissances et pensions qu'ils auraient reçus et consommés de bonne foi.

Ces motifs existent aussi dans notre droit.

On peut encore appuyer la dispense de rapport, dans ce cas comme dans celui de l'art. 852, sur la volonté présumée du disposant. Les arrérages des rentes et les produits des usufruits perçus par ces donations n'ont pas en général diminué le patrimoine, elles ont été prises sur les revenus.

Les résultats de l'opinion contraire seraient bien bizarres, ainsi que le fait observer Chabot. En effet, si l'héritier avait reçu un don en immeubles produisant un revenu annuel de 2,000 fr., il ne serait pas tenu de rapporter les revenus perçus jusqu'à la mort du donateur, et cependant s'il n'avait reçu qu'une rente ou qu'une pension annuelle de 2,000 fr. il serait obligé de rapporter tout ce qu'il aurait reçu, quoiqu'il eût reçu la même chose dans les deux cas. Ne serait-il pas contraire à la volonté du donateur et à l'intention du législateur que, si un père avait donné à l'un de ses enfants la propriété d'un immeuble produisant 2,000 fr. de revenu, et à l'autre la simple jouissance d'un immeuble produisant un revenu égal, le premier conservât toutes les jouissances échues jusqu'à la mort du père et que le second fût obligé de les rapporter? Le rapport produirait dans ce cas un résultat diamétralement opposé à celui qu'il est destiné à produire, puisqu'il romprait l'égalité entre les deux enfants, égalité que le père avait voulu établir.

Zachariæ décide que la dispense de rapport ne doit pas être accordée pour les avantages résultant d'un bail fait à vil prix entre le défunt et un de ses héritiers ; il dit que de pareils avantages se trouvent régis non par les dispositions des art. 852 et 856, mais par celles des art. 843 et 853.

Cependant, ainsi que le font observer MM. Aubry et Rau, le successible n'emporte qu'une portion des revenus du défunt, et sous ce rapport cette hypothèse semble se rapprocher des précédentes. Ce motif n'est pas assez puissant pour permettre d'admettre la dispense de rapport en présence des termes formels de l'art. 853. D'ailleurs, le bénéfice résultant d'un pareil bail est plutôt, en ce qui concerne le successible, à considérer comme un capital que comme un revenu.

43. — Nous avons encore à signaler quelques autres cas où la loi dispense l'héritier donataire du rapport, mais par des motifs différents de ceux que nous avons eu à examiner jusqu'à présent.

L'héritier ne doit pas rapporter l'immeuble qui a péri par cas fortuit. La dispense de rapport dans ce cas est l'application de la règle posée par l'art. 1302, qui veut que « Lorsqu'un corps certain et déterminé qui était l'objet d'une obligation vient à périr, est mis hors du commerce ou se perd de manière qu'on en ignore absolument l'existence, l'obligation soit éteinte si la chose a péri ou a été perdue sans la faute du débiteur et avant qu'il fût en demeure. »

L'obligation au rapport avait constitué le donataire débiteur de l'immeuble donné; il est libéré de son obligation par la perte de cet immeuble, s'il prouve qu'elle a eu lieu par cas fortuit. C'est à lui de justifier du cas fortuit lorsqu'il l'allègue, en vertu de l'art. 1315; mais si les cohéritiers prétendent à leur tour que le cas fortuit a été déterminé par la faute du donataire, c'est à eux réciproquement de prouver cette faute.

L'art. 855 ne peut s'appliquer aux meubles, leur perte survenue par cas purement fortuit n'empêcherait pas le donataire d'en rapporter le prix. Pour les meubles, en effet, l'héritier auquel ils ont été donnés en est devenu propriétaire irrévocable à l'instant même de la donation, sous la condition d'en rapporter plus tard la valeur. Cette règle résulte de l'art. 868, qui veut que le rapport du mobilier ne se fasse qu'en moins prenant, d'après l'état estimatif annexé à l'acte; et à défaut de cet état, d'après une estimation par experts, à juste prix et sans crue.

Si l'immeuble donné au successible n'avait péri qu'en partie, le rapport n'en serait dû que pour la portion qui subsiste.

Mais que faut-il décider dans le cas où l'immeuble sujet à rapport aura péri par cas fortuit, non plus entre les mains de l'héritier donataire, mais dans celles d'un acquéreur au profit duquel cet héritier l'aurait aliéné? Toullier et M. Duranton veulent que le rapport ne soit pas dû, parce que l'immeuble eût également péri entre les mains du défunt. M. Vazeille décide au contraire que l'héritier, s'il a aliéné à titre onéreux, doit rapporter le prix qu'il a reçu, parce que ce prix vient indirectement du défunt, et qu'il l'a reçu pour l'immeuble soumis au rapport : il fait remarquer que le défunt aurait bien pu vendre aussi et laisser le prix dans la succession.

Nous croyons que pour décider cette question d'après les principes du Code, il est important de distinguer si cette aliénation a eu lieu avant ou après l'ouverture de la succession. En effet, aux termes de l'art. 860, l'aliénation que le donataire fait de l'immeuble donné, pourvu qu'elle soit antérieure à l'ouverture de la succession, le dispense du rapport en nature, et convertit son obligation en une dette d'argent fixée d'après la valeur de l'immeuble au jour de l'ouverture. Il en résulte que si la perte était arrivée auparavant, la valeur de l'immeuble à ce moment étant nulle, aucun rapport ne serait dû ; tandis qu'au contraire, si elle n'était arrivée qu'après, le donataire se serait trouvé, lors de l'ouverture de la succession, débiteur d'une somme d'argent qu'il aurait été tenu de rapporter.

L'art. 1573 contient une dispense légale de rapport pour certains biens dotaux. Nous avons donné l'explication de cet article dans notre chapitre IV.

CHAPITRE VII.

DE QUELLE MANIÈRE S'EFFECTUE LE RAPPORT.

44. — Les règles tracées par le Code sur la manière dont le rapport doit s'effectuer ne s'appliquent qu'aux donations entre-vifs. Le rapport des legs s'opère en laissant dans la masse héréditaire les objets sujets à rapport, tout comme si la disposition testamentaire qui renferme ces legs n'existait pas.

Le rapport des donations, nous dit l'art. 858, s'effectue en nature ou en moins prenant. Il s'effectue en nature lorsque la chose même qui avait été donnée est remise par l'héritier donataire à la masse de la succession, pour être partagée comme tous les autres biens entre tous les héritiers.

Il se fait en moins prenant, lorsque le donataire nanti des objets de la donation les garde, mais laisse ses cohéritiers prélever dans la masse de la succession des valeurs égales à celles qu'il a déjà entre les mains : ces prélèvements, ainsi que l'explique l'article 830, se font autant que possible en objets de même nature, qualité et bonté que les objets non rapportés en nature.

C'est la seule manière de rapporter en moins prenant, lorsque parmi les héritiers il y en a de non présents, de mineurs et d'interdits, parce que dans ce cas le partage se fait en justice (art 838), conformément aux règles prescrites par le Code. Mais lorsque tous les héritiers sont présents, majeurs, jouissant de la plénitude de leurs droits civils, le rapport en moins prenant peut se faire en imputant dans la part héréditaire du donataire la valeur de la chose qu'il ne rapporte pas en nature.

Il y a des cas où le rapport ne se fait ni en moins prenant ni en nature. Ainsi, si un successible donataire de meubles meublants estimés 1,000 fr. accepte la succession du donateur concurremment avec plusieurs cohéritiers, et qu'il ne se trouve pas dans cette succession de quoi fournir aux prélèvements de ses cohéritiers, il sera obligé de rapporter à la masse de la succession le montant de l'estimation des meubles à lui donnés. On ne peut pas dire dans ce cas qu'il rapporte en nature, puisque ce sont des meubles qui lui ont été donnés et qu'il rapporte de l'argent; on ne peut pas dire non plus qu'il rapporte en moins prenant, puisque loin de moins prendre il rapporte réellement; il fait un rapport par équivalent. Ainsi le rapport peut se faire de trois manières : en nature, en moins prenant et par équivalent.

La manière dont le rapport doit se faire dépend principalement de la nature de la chose qui fait l'objet de la donation. Il faut à cet égard distinguer si elle est immobilière ou mobilière : au premier cas, en principe le rapport se fait en nature, et par exception en moins prenant ; au second cas, il a toujours lieu en moins prenant.

§ 1. — *Rapport des immeubles.*

45. — Le rapport des immeubles ne doit se faire qu'en nature, sauf les exceptions que nous ferons connaitre. Ainsi le successible, donataire d'immeubles sujets à rapport, n'acquiert sur ces immeubles qu'une propriété résoluble. Toutes les fois qu'un immeuble est donné sans dispense de rapport, il y a dans cette donation une condition résolutoire sous-entendue pour le cas où ce donataire arriverait à la succession du donateur. S'il répudie la succession, la condition résolutoire sous laquelle il était propriétaire étant défaillie, il n'a aucun rapport à faire; son

droit de propriété devient irrévocable. S'il accepte, la condition résolutoire étant réalisée du jour de l'ouverture de la succession (art. 777), il est alors réputé n'avoir jamais été propriétaire, et n'avoir pu dès lors concéder aucune charge réelle sur le fonds. Tout cessionnaire d'un droit d'usufruit, de servitude, d'hypo-thèque, se trouve dépouillé de ce droit par application du prin-cipe : *soluto jure dantis solvitur jus accipientis.*

L'art. 865 donne aux créanciers du donataire, qui ont hypo-thèque sur l'immeuble, le droit d'intervenir au partage pour empêcher que le rapport ne se fasse en fraude de leurs droits. Ces créanciers pourront empêcher que le rapport se fasse en na-ture, s'il n'y a vraiment pas lieu à le faire de la sorte. Ce droit n'est qu'une conséquence de l'art. 1136, qui permet aux créanciers d'exercer au nom de leur débiteur les droits que ce débiteur pourrait exercer lui-même, et quoique d'après les termes de l'ar-ticle il ne semble être accordé qu'aux créanciers hypothécaires, il faut l'étendre aux concessionnaires de tous droits réels, tels que droits d'usufruit, d'usage et de servitude.

La position qui est faite aux créanciers hypothécaires et aux concessionnaires des droits d'usufruit, d'usage et de servitude, par l'art. 865, n'a rien qui choque l'équité. Ces diverses personnes devaient savoir, au moment où elles ont traité avec le donataire, que le bien sur lequel des droits leur étaient conférés n'appar-tenait pas d'une manière irrévocable à ce donataire. La loi, du reste, sauvegarde autant que possible leurs intérêts, en leur per-mettant de s'opposer à ce que le partage se fasse hors de leur présence. Ils pourront veiller à la composition et au tirage des lots, afin d'empêcher les cohéritiers d'attribuer à l'héritier débi-teur un lot composé principalement de valeurs mobilières, que celui-ci pourrait ensuite facilement leur soustraire.

46. — Lorsque l'immeuble rapporté en nature par l'héritier donataire tombe dans le lot qui lui est attribué en qualité d'hé-ritier, les servitudes et les hypothèques révoquées par l'effet du rapport revivent-elles sur l'immeuble revenu au donataire?

Cette question est controversée. D'un côté on dit que les droits ainsi consentis ayant été résolus avec la propriété même de l'hé-ritier, à l'instant où le bien a été rapporté, ou plutôt à l'ouverture même de la succession, ils ne pourraient renaître que par une convention nouvelle et passée dans les formes voulues par la loi. D'un autre côté on répond, et avec raison selon nous, que dans ce cas il n'y a pas eu résolution de ces droits. En effet, depuis le jour de la donation faite par le défunt jusqu'au jour de l'ouverture de la succession, l'héritier a été propriétaire comme donataire. Retrouvant l'immeuble par l'effet du partage, il est sous la règle de l'art. 883, qui déclare que chaque héritier est censé avoir succédé seul et immédiatement aux objets compris dans son lot : en sorte que légalement il se trouve avoir été propriétaire depuis l'ouverture, à titre d'héritier. Son droit de propriété ne s'est brisé que pour revivre immédiatement à un autre titre ; il n'y a pas eu un seul instant où il n'ait été propriétaire, tantôt à un titre, tantôt à un autre. Les droits par lui consentis sur l'immeuble ne peuvent donc pas être anéantis comme concédés *ad non domino.*

Cette seconde opinion, outre qu'elle est conforme aux principes du droit, concorde parfaitement avec le motif qui a dicté au législateur l'art. 865. La disposition de cet article, comme le dit Chabot, n'a eu d'autre objet que d'empêcher que les cohéritiers n'éprouvassent un préjudice des hypothèques que le donataire aurait pu créer sur l'immeuble dont ils deviennent propriétaires par le partage ou la licitation ; on ne peut pas supposer que la loi ait voulu dégager le donataire personnellement, et dans ses seuls intérêts, des engagements qu'il a pris et des charges qu'il a créées sur un immeuble dont il reste définitivement propriétaire.

47. — Si le donataire, au lieu de constituer des servitudes et des hypothèques sur l'immeuble, c'est-à-dire de consentir des aliénations partielles, l'a aliéné complétement par une vente ou par une donation, cette aliénation ne sera pas anéantie (art. 860). Ce résultat n'est pas conforme aux principes que nous avons exposés ci-dessus : dès lors que le donataire n'avait qu'une propriété résoluble sur les objets composant sa donation, l'aliénation qu'il en a fait ne devrait pas plus être irrévocable que les constitutions d'hypothèques. Quel est donc le motif de cette faveur accordée à l'acquéreur plutôt qu'au créancier hypothécaire? Le

législateur a cru qu'en permettant au donataire de ne transmettre qu'un droit révocable comme le sien, il trouverait diffi-
cilement des acquéreurs, et qu'ainsi une grande quantité
d'immeubles eût été retirée du commerce. Peut-être aussi a-
t-il considéré que le maintien de l'aliénation n'entravait en
aucune façon l'obligation du rapport, parce qu'il était très-facile,
en estimant l'immeuble aliéné, de déterminer la valeur qui doit
être rapportée à sa place. Il eût été extrêmement difficile, au
contraire, d'apprécier la somme que le donateur eût été obligé
de rapporter à la succession, pour lui tenir compte de la valeur
en moins résultant des charges.

48. — Le donataire de l'immeuble en est débiteur envers la
succession sous cette condition suspensive, s'il devient et s'il
reste héritier du donateur. L'obligation du rapport a pour objet
l'immeuble lui-même, et non pas seulement sa valeur, car
l'art. 859 dit que le rapport doit se faire en nature. Le donataire d'un immeuble est débiteur conditionnel d'un corps certain envers la succession du donateur.

C'est comme conséquence de ce principe que l'art 855 déclare
que l'immeuble qui a péri par cas fortuit, et sans la faute du donataire, n'est pas sujet à rapport. Lorsqu'il existe, la succession
le recouvre dans l'état où il se trouve au moment où elle est ouverte ; il est à ses risques et périls. C'est elle qui subit sa perte
et sa détérioration, comme aussi c'est elle qui profite des améliorations, pourvu que la perte ou l'amélioration soit accidentelle ;
car si le donataire a détérioré l'immeuble par sa faute, il devra
indemniser la succession, comme aussi il devra être indemnisé
des améliorations qu'il aura faites à ses dépens.

49. — La loi, après avoir posé le principe du rapport en nature
pour les immeubles, admet deux exceptions à ce principe : les
art. 859 et 860 s'expriment ainsi : art. 859 : Le rapport peut être
exigé en nature à l'égard des immeubles, toutes les fois que l'immeuble donné n'a pas été aliéné par le donataire, et qu'il n'y a
pas dans la succession d'immeuble de même nature, qualité,
bonté, dont on puisse former des lots à peu près égaux pour
les autres cohéritiers. Art. 860 : Le rapport n'a lieu qu'au moins
prenant ; quand le donataire a aliéné l'immeuble avant l'ouver-

ture de la succession, il est dû de la valeur de l'immeuble à l'époque de l'ouverture.

Ces deux exceptions sont une faveur accordée au donataire ; car, ainsi que nous l'avons vu, en principe rigoureux, la donation qui lui a été faite se trouve résolue par son acceptation de la qualité d'héritier , et en conséquence il devrait rendre l'immeuble qui se trouve entre ses mains.

Le motif qui a dicté l'art. 859 se conçoit facilement. Lorsqu'il se trouve dans la succession d'autres immeubles de même nature, qualité, bonté, qui peuvent être attribués aux cohéritiers du donataire, ces cohéritiers seraient sans intérêt à exiger le rapport en nature, et la loi n'a pas voulu que sans intérêt réel ils pusssent molester le donataire qui désire conserver un immeuble qu'il affectionne et qu'il possède peut-être depuis fort longtemps.

Toutefois, la faveur accordée au donataire ne doit pas causer de préjudice à ses cohéritiers ; aussi la loi exige-t-elle deux conditions pour la dispense du rapport en nature. La première, qu'il se trouve dans la succession des immeubles de même nature, qualité, bonté, que celui que le donataire veut retenir : l'égalité serait rompue s'il était permis au donataire de conserver ce qu'il y a de meilleur pendant que ses cohéritiers auraient de mauvais biens. La seconde, que les immeubles qui se trouvent dans la succession puissent former pour les autres héritiers des lots à peu près égaux à celui que veut retenir le donataire : ces héritiers éprouveraient un préjudice si le défaut de rapport en nature pouvait rendre le partage difficile, s'il faisait morceler les héritages et diviser les exploitations, ou s'il rendait impossible la composition des lots et biens de même nature.

Pour que le rapport se fasse en moins prenant dans le sens de l'art. 859, une égalité absolue entre l'immeuble sujet à rapport et les immeubles de la succession n'est pas indispensable. S'il n'existe entre eux qu'une légère différence, on rétablira l'égalité soit au moyen de soultes ou retours, soit en mettant dans le lot le plus faible en immeubles une quantité de meubles suffisante pour égaliser les lots.

La valeur de l'immeuble sujet à rapport ne doit pas être déterminée, dans ce cas, d'après son état au moment de l'ouverture de la succession, mais d'après son état au jour du partage. L'article 860 n'est pas applicable ici, parce que le rapport n'est qu'une véritable opération de partage : si le donataire retient l'immeuble qui lui a été donné, c'est moins comme donataire que comme copartageant.

Le rapport en moins prenant de l'art. 859 est, du reste, purement facultatif pour le donataire; celui-ci peut, s'il le croit préférable pour ses intérêts, faire un rapport en nature.

Le donateur peut valablement ordonner que l'immeuble par lui donné sera dispensé du rapport en nature, même hors des deux cas prévus par les art. 859 et 860, en chargeant seulement le donataire de rapporter une somme déterminée ou en lui laissant l'option à cet égard. Toutefois, il faudra examiner si la dispense de rapport en nature ne contient pas un avantage réel, et si le donataire pouvait faire cet avantage.

Si la somme fixée par le donateur pour la valeur de l'immeuble qu'il dispense de rapporter en nature est inférieure à la valeur de cet immeuble au moment de l'ouverture de la succession, il y a eu avantage pour le donataire; mais rien ne s'oppose à ce que cet avantage lui soit maintenu, s'il peut être pris sur la portion disponible. Dans le cas où il entame la réserve, la somme prise sur la réserve est seule sujette à rapport, et doit être ajoutée à la somme fixée par le donateur.

50. — Nous avons exposé le motif de l'exception contenue dans l'art. 860. La loi n'accorde la dispense de rapport en nature que pour une véritable aliénation ; elle ne considère pas comme une aliénation la concession sur l'immeuble d'un droit d'usufruit, d'usage ou de servitude. Aussi nous avons vu que l'art. 865 déclare que ces divers droits disparaissent au moment du rapport en nature.

Le rapport d'un immeuble donné doit se faire en moins prenant, même dans le cas où l'aliénation faite par le donataire aurait été faite à titre gratuit, et non à titre onéreux, car les articles 859 et 860 ne font aucune distinction entre ces deux modes d'aliénation, et le mot *aliéner* qu'ils emploient les comprend tous les deux.

Plusieurs auteurs font cependant une distinction entre l'aliénation à titre onéreux et l'aliénation à titre gratuit, pour déterminer quel mode de rapport doit être employé, et décident que si l'immeuble a été aliéné à titre gratuit, le rapport doit se faire en nature, parce que le cohéritier n'est soumis en général à aucune action en garantie de la part de son propre donataire évincé.

Le désir d'éviter le recours contre le donataire est, il est vrai, l'un des motifs de l'exception de la loi, mais il n'est pas le seul ; le désir de rendre la propriété stable et non précaire, d'encourager par la même raison les améliorations, a contribué tout autant, pour le moins, à faire adopter par le législateur l'exception dont nous nous occupons. Or ce second motif s'applique aussi bien aux aliénations à titre gratuit qu'aux aliénations à titre onéreux. Nous croyons qu'en présence des termes généraux des art. 859 et 860 on doit repousser toute distinction entre ces deux espèces d'aliénations.

51.—Lorsque le donataire a aliéné l'immeuble qui lui avait été donné, l'obligation de rapporter a pour objet non plus l'immeuble lui-même, mais une somme d'argent. Cette somme ne consiste pas dans le prix moyennant lequel la vente a eu lieu, elle doit être égale à la valeur de l'immeuble estimé d'après l'état où il se trouve au moment de l'ouverture de la succession. Ainsi, lorsque le donataire a vendu l'immeuble qui lui avait été donné pour une somme de 5,000 fr., et que par suite de circonstances accidentelles il se trouve valoir 10,000 fr. au jour de l'ouverture de la succession, c'est la somme de 10,000 fr. qui doit être rapportée.

L'art. 860 n'est applicable, quant au mode d'estimation de l'immeuble à rapporter, que lorsque le donataire a aliéné lui-même cet immeuble, et non pas lorsqu'il lui a été enlevé sans son aveu, par une action en rescision, en réméré, ou par l'effet d'une expropriation forcée. Dans ces différents cas, l'héritier ne devra rapporter que le prix qu'il aura reçu, parce que la disparition de l'immeuble est le résultat des faits du défunt lui-même, ou de la force des choses : s'il n'a rien reçu, il ne devra rien rapporter.

En effet, quand l'immeuble a été frappé d'expropriation forcée, il est certain qu'il l'eût été également entre les mains du défunt, et que les héritiers n'auraient trouvé au décès que l'indemnité qui aurait été adjugée à ce défunt au lieu de l'être au donataire ; c'est donc cette indemnité qui devra être rapportée. Si cet immeuble a été enlevé au donataire par l'exercice d'un *réméré*, sous la condition duquel le défunt l'avait acquis, c'est le prix restitué au donataire par l'ancien vendeur que les héritiers auraient trouvé dans les biens du défunt s'il n'y avait pas eu de donation, c'est donc ce prix qui devra être rapporté. Enfin, s'il a été enlevé au donataire sans aucune indemnité, par exemple, pour cause de survenance d'enfants à celui qui l'avait donné au défunt, aucun rapport ne sera dû, parce que l'immeuble eût également été repris s'il était resté entre les mains du défunt.

52. — Lorsque l'immeuble donné a péri par la faute du donataire, le rapport a encore lieu en moins prenant, parce qu'il est impossible qu'il ait lieu en nature : dans ce cas, il doit se faire d'après la valeur qu'aurait eu l'immeuble lors de l'ouverture de la succession, s'il eût encore existé à cette époque. La responsabilité du donataire, quant aux fautes, s'apprécie d'après les principes du droit commun. Ainsi, il serait responsable des détériorations provenant de ce qu'il n'aurait pas fait en temps utile les grosses réparations nécessaires à la conservation de l'immeuble, parce que l'obligation éventuelle de rapport à laquelle il se trouve soumis lui impose celle de veiller à la conservation de l'immeuble. On ne peut pas l'assimiler à l'usufruitier et dire que, comme lui, il n'est pas tenu des grosses réparations. Dans le cas d'usufruit, le propriétaire veille lui-même à la conservation de l'immeuble qui lui appartient, notamment en ce qui concerne les grosses réparations. Dans le cas, au contraire, d'une donation en avancement d'hoirie, l'obligation de veiller à la conservation de l'immeuble ne peut pas peser sur un autre que le donataire, puisque les héritiers présomptifs du donateur, au profit desquels le rapport devra se faire, n'ont jusqu'au décès de ce dernier aucune qualité pour faire acte de propriété ou d'administration relativement à cet immeuble.

53. — Le rapport ayant pour but de mettre la masse à partager dans l'état où elle aurait été si la donation n'avait pas eu lieu, il est clair qu'on doit tenir compte des impenses ou améliorations,

comme aussi des dégradations ou détériorations qui proviennent du fait de l'héritier donataire ou de ses acquéreurs ; autrement la succession se trouverait ou plus riche ou moins riche qu'elle n'aurait été si la donation n'avait pas eu lieu.

On distingue quatre espèces d'impenses : d'entretien, voluptuaires, nécessaires, utiles. La loi donne des solutions différentes, suivant la nature diverse des impenses qui ont été faites par le donataire sur l'immeuble.

Les dépenses d'entretien sont celles qui ont été faites pour mettre l'immeuble en état de produire des fruits; elles restent au compte du donataire, car elles sont la charge naturelle des fruits qu'il a perçus. Les fruits produits par l'immeuble depuis l'ouverture de la succession étant acquis à cette succession, il est clair que les dépenses d'entretien faites depuis le décès du donateur doivent être supportées par la succession.

Les dépenses nécessaires sont celles que la nécessité commandait pour la conservation de l'immeuble, celles dont la non réalisation aurait amené très-prochainement la perte de l'immeuble. Aux termes de l'art. 862, on doit tenir compte de toutes ces dépenses au donataire, alors même qu'elles n'auraient pas amélioré le fonds. Quoique l'immeuble n'ait pas augmenté de valeur par suite de ces dépenses, il est cependant vrai de dire que la succession en a profité, car, comme le dit Pothier, « si la donation n'avait pas été faite, le donateur aurait lui-même fait cette impense, et ce qu'il en aurait coûté se trouverait de manque dans la succession ; conséquemment la succession profite de ce que cette somme qui s'y serait trouvée de manque s'y trouve. » On devrait tenir compte de ces impenses au donataire, alors même que l'immeuble qu'elles ont conservé viendrait à périr plus tard.

Les impenses voluptuaires sont celles qui ne servent qu'à l'ornement et à l'embellissement du fonds sans en augmenter la valeur. La succession n'en ayant pas profité, ne doit pas les supporter, elles restent au compte du donataire; seulement on doit lui permettre d'enlever tout ce qui peut être séparé de l'immeuble sans le détériorer.

Les impenses utiles ne sont supportées par la succession que jusqu'à concurrence du gain qu'elle en a retiré, c'est-à-dire de la plus-value qui en est résultée dans l'immeuble. Mais à quelle époque devra-t-on s'attacher pour estimer la plus-value résultant des dispenses utiles? Ce ne peut être au jour où elles ont été faites, car la succession ne doit compte que des profits qu'elle retire, et ce n'est pas au moment de la confection des travaux qu'elle profite de la plus-value, mais à une époque postérieure. C'est donc à une époque postérieure à la confection des travaux qu'il faut établir la plus-value dont on doit tenir compte au donataire.

Les auteurs ne sont pas d'accord pour fixer quelle est cette époque. Les uns, argumentant des termes exprès de l'art. 861, disent que c'est celle du partage. Cette opinion conduit à cette conséquence, que le donataire n'a rien à réclamer si la plus-value qui existait au moment de l'ouverture de la succession a, par suite d'un cas fortuit, disparu dans l'intervalle de cette époque à celle du partage.

D'autres auteurs, au contraire, prétendent que la plus-value dont on doit tenir compte au donataire est celle existant au jour même de l'ouverture de la succession, parce que l'art. 860 décide que lorsque l'immeuble est aliéné le rapport est dû non pas de la valeur que cet immeuble aurait eue au jour du partage, mais bien de celle qu'il aurait eue au jour de l'ouverture de la succession. Il ne faut pas s'attacher trop strictement, disent-ils, aux termes de l'art. 861, qui semblent ne considérer que la plus-value à l'époque du partage, parce que c'est par inadvertance que ces mots *au moment du partage,* ont été conservés dans cet article. Dans l'ancien droit, on ne déduisait que les améliorations existantes au moment du partage, parce qu'on ne rapportait aussi que la valeur au jour du partage. Dans le projet de notre titre on avait suivi cette idée : l'art. 860 disait que dans le cas d'aliénation on rapporterait en moins prenant, sans changer l'ancienne règle pour l'époque d'estimation ; l'art. 861 disait, en conséquence, qu'on tiendrait compte à l'héritier de la plus-value du jour du partage. Lors de la discussion du conseil d'Etat, on décida qu'on rapporterait la valeur estimée au temps de l'ouverture de la succession, et on modifia l'art. 860 dans ce sens. Ce changement apportait nécessairement un changement dans l'article **861**; mais on n'y songea pas, aucune observation ne **fut** présentée sur les art. **861** à **864**, et ils restèrent tels que la section les avait présentés.

Lorsque le rapport se fait en nature, parce que l'immeuble se trouve encore aux mains de l'héritier donataire lors de l'ouverture de la succession, dit M. Marcadé, les impenses dont il doit être tenu compte au donataire doivent s'estimer au jour de cette ouverture. En effet, c'est à cette époque que la succession devient propriétaire de l'immeuble rapporté avec toutes les améliorations qu'il présente; elle doit donc réciproquement devenir débitrice à ce moment envers l'héritier de la valeur de ces améliorations; en sorte que si ces améliorations viennent à disparaitre par cas fortuit et sans aucune autre cause imputable à l'héritier, c'est la succession qui les perd, sans que pour cela elle puisse se prétendre libérée de l'argent qu'elle doit à leur occasion.

Nous croyons que cette solution ne peut être admise, et voici de quelle manière nous résolvons la question : toutes les fois que le rapport doit se faire en nature ou qu'il se fait en moins prenant, parce qu'il y a dans la succession d'autres immeubles de même qualité et bonté pour former des lots à peu près égaux pour les autres cohéritiers, la plus-value résultant des dépenses utiles doit être calculée au moment du partage. L'art. 861 le veut ainsi; et d'un autre côté, il semble juste de ne tenir compte à l'héritier que des dépenses qui profitent réellement à la succession.

Mais lorsque l'immeuble a été aliéné, le rapport étant dû de la valeur de cet immeuble au moment de l'ouverture de la succession, il est évident que c'est par suite d'une erreur de rédaction qu'il n'est pas dit dans l'art. 861 que la plus-value résultant des dépenses utiles devra être calculée au jour de l'ouverture de la succession, et nous croyons qu'il faut décider dans ce sens. Les résultats auxquels conduit l'opinion contraire sont tellement choquants, qu'ils ne pourraient être admis. Supposons, en effet, que l'immeuble qui doit être rapporté en moins prenant ait valu 10,000 fr. au moment de la donation, et que par suite d'impenses utiles faites par le donataire il ait triplé de valeur, en sorte qu'au moment de l'ouverture de la succession il vaille

30,000 fr. Supposons en même temps que dans l'intervalle qui se trouve entre l'époque de l'ouverture de la succession, et l'époque du partage, la plus-value résultant des impenses ait disparu par cas fortuit, et que l'immeuble soit revenu à sa valeur primitive : qu'arrivera-t-il si on suit le système que nous rejetons? Les cohéritiers du donataire, argumentant d'un côté des termes de l'art. 860, diront que le donataire doit rapporter 30,000 fr., sauf à eux à lui tenir compte des impenses utiles ; argumentant d'un autre côté des termes de l'art. 861, qui dit que le donataire n'a le droit de demander le remboursement des impenses qui ont amélioré la chose qu'eu égard à ce dont sa valeur se trouve augmentée au moment du partage, ils diront qu'il n'y a aucune déduction à faire sur les 30,000 fr., parce qu'au moment du partage la plus-value résultant des dépenses utiles n'existait plus. Un tel résultat est évidemment inadmissible.

54. — De même qu'on doit tenir compte des impenses ou améliorations faites sur l'immeuble par le donataire ou ses acquéreurs, de même il faut tenir compte des dégradations ou détériorations qui proviennent du donataire ou de ses acquéreurs : c'est le but de l'art. 863, ainsi conçu : « Le donataire, de son côté, doit tenir compte des dégradations ou détériorations qui ont diminué la valeur de l'immeuble par son fait, sa faute ou sa négligence. »

L'estimation de la diminution de valeur produite par les dégradations ou détériorations doit se faire comme celle des améliorations. Si l'immeuble est rapporté en nature, ou en moins prenant parce qu'il se trouve dans la succession des immeubles de même nature et qualité, elle doit se faire eu égard à la valeur de l'immeuble au moment du partage. Si au contraire l'immeuble a été aliéné, elle doit se faire eu égard à sa valeur au moment de l'ouverture de la succession.

55. — Dans tous les cas où le donataire est créancier de la succession par suite des dépenses qu'il a faites sur l'immeuble à rapporter, il est autorisé à le conserver à titre de gage, tant qu'il n'a pas été complétement indemnisé (art. 467). La règle prescrite par cet article est de toute justice, car il y a en présence deux obligations corrélatives : d'une part celle de restituer, de l'autre celle d'indemniser ; tant que l'une des parties ne veut pas

satisfaire à son obligation, l'autre ne doit pas être obligée d'exécuter la sienne.

D'après Chabot, lorsque les cohéritiers ont laissé retenir l'immeuble par le donataire, à défaut de paiement des impenses, ils n'ont pas le droit, au moment où ils effectuent le paiement, d'exiger que le donataire restitue les jouissances qu'il a perçues, lors même que ces jouissances seraient d'une valeur beaucoup plus considérable que les intérêts de la somme par eux due pour les impenses ; et le motif qu'il en donne, c'est que le donataire, étant possesseur de bonne foi, a dû faire les fruits siens. D'un autre côté, d'après le même auteur, le donataire ne peut exiger les intérêts des sommes qui lui étaient dues pour impenses, parce qu'il trouve ces intérêts dans les jouissances qui lui restaient.

Nous croyons que les jouissances perçues sur l'immeuble devront être restituées au moment du remboursement des impenses, mais que le donataire pourra compenser le montant de ces jouissances avec les intérêts qui lui sont dus à raison de ses impenses, lesquels intérêts ont dû courir à son profit depuis l'ouverture de la succession.

En effet, le donataire, dans l'espèce prévue, n'est pas réellement possesseur de l'immeuble, il en est seulement détenteur comme d'un gage pour assurer le paiement qui lui est dû. Il doit donc être assimilé au créancier gagiste d'un immeuble ; or ce créancier, en vertu de l'art 2085, n'acquiert la faculté de percevoir les fruits de l'immeuble qu'à la charge de les imputer annuellement sur les intérêts de sa créance si elle est productive d'intérêts, et dans le cas contraire sur le capital.

§ 2. — *Rapport des meubles.*

56. — Le rapport du mobilier, dit l'art. 868, ne se fait qu'en moins prenant. Il se fait sur le pied de la valeur du mobilier lors de la donation, d'après l'état estimatif annexé à l'acte ; et à défaut de cet état, d'après une estimation par experts, à juste prix et sans crue. Ainsi, le donataire n'exécuterait pas valablement son obligation de rapporter en remettant dans la succession les meubles qui lui ont été donnés.

On comprend facilement le motif qui a fait établir cette différence entre le rapport des immeubles et celui des meubles. Pour les immeubles, le rapport en nature est la seule manière de rétablir parfaitement l'égalité entre les cohéritiers, et de remettre les choses dans le même état que si la donation n'avait pas eu lieu. Pour les meubles, le rapport en nature n'eût pas produit le même résultat, celui des meubles meublants, par exemple, n'eût point rétabli l'égalité ; tout le bénéfice eût été pour le donataire, et il n'eût remis dans la masse de la succession que des objets sans valeur. Si les meubles qui se consomment par le premier usage eussent dû être rapportés par le donataire dans leur individualité, cette sorte de donation n'eût été pour lui qu'un dépôt inutile et souvent dangereux. En outre, le rapport en nature eût été la source d'une foule de difficultés, soit pour vérifier si les objets que le donataire voudrait rapporter sont réellement les mêmes que ceux qui lui ont été donnés, soit pour constater les améliorations ou détériorations survenues depuis la donation.

Dans l'ancien droit, la question du rapport des meubles était résolue différemment par les auteurs. Ce rapport, d'après Pothier, ne devait jamais se faire en essence, mais toujours sur le pied de la somme que valaient les immeubles lorsqu'ils avaient été donnés. Ainsi, dit cet auteur, le donataire d'un meuble n'est point débiteur du *rapport* de la chose, mais bien du prix ; et par conséquent le meuble est à ses risques.

Duplessis et Lebrun pensaient que quand les meubles étaient de nature à ne point périr par l'usage, comme les perles et les diamants, le rapport devait s'en faire en espèce, et si le donataire ne les avait plus, il devait en rapporter la valeur estimée relativement à l'époque du partage. Mais quand les meubles étaient de nature à dépérir par le temps, il fallait en rapporter l'estimation eu égard à ce qu'ils pourraient valoir au temps du partage, s'ils étaient dans le même état qu'au moment de la donation.

Ferrière soutenait au contraire que dans l'un et l'autre cas l'estimation des meubles devait se faire, eu égard au temps du partage, ou que le donataire pouvait les rapporter en espèces. « De même, dit-il, qu'il a pu faire son profit des autres biens à lui donnés et n'en rapporter les fruits que du jour du décès du donateur, de même il a pu se servir des meubles qui lui ont été donnés, sans qu'il soit tenu de leur dépérissement occasionné par l'usage qu'il en a pu faire. »

On voit que le Code a admis les principes de Pothier. D'après sa théorie, le successible donataire d'objets mobiliers en devient propriétaire irrévocable à l'instant même de la donation, sous l'obligation, s'il devient héritier plus tard, de payer la valeur qu'ils représentaient au jour que la donation a été faite : ce donataire n'est donc débiteur que d'une somme d'argent. Peu importe que les meubles compris dans la donation périssent, se dégradent ou s'améliorent, puisque ce ne sont pas eux qui doivent être rapportés; l'obligation du donataire ne peut être modifiée, puisqu'elle a pour objet une somme d'argent, chose qui n'est susceptible ni d'amélioration, ni de détérioration.

La valeur qu'avaient les meubles au moment de la donation est ordinairement facile à apprécier, car, aux termes de l'art. 948, les libéralités mobilières ne sont valablement faites qu'autant qu'un état estimatif des objets qu'elles comprennent est annexé à la minute de l'acte de donation : l'art. 868 dit que cet état estimatif servira de base à la fixation du rapport. A défaut de cet état estimatif, ajoute le même article, leur valeur est déterminée par des experts à juste prix et sans crue. Quoique l'état estimatif soit nécessaire pour la validité de toute donation mobilière, il peut cependant arriver qu'on soit obligé de recourir à l'expertise. C'est ce qui aura lieu lorsque cet état estimatif aura été perdu, ou lorsqu'il s'agira d'une donation effectuée au moyen d'une tradition des objets ; les donations manuelles sont en effet dispensées de l'état estimatif.

Toutefois, si l'état estimatif annexé à l'acte de donation d'objets mobiliers ne contenait pas une estimation exacte, les cohéritiers du donataire seraient en droit d'exiger une nouvelle estimation, et de faire rapporter à ce donataire, outre la somme énoncée dans l'état estimatif, la différence entre l'ancienne et la nouvelle estimation. Il en serait autrement si le donateur avait dispensé de rapporter cette différence.

57. — Le rapport de l'argent donné se fait en moins prenant dans le numéraire de la succession. En cas d'insuffisance, le do-

nataire peut se dispenser de rapporter du numéraire en abandonnant jusqu'à due concurrence du mobilier, et à défaut de mobilier des immeubles de la succession (art. 869).

Ce n'est pas précisément à celui qui a reçu de l'argent que s'applique cet article, c'est à celui qui doit rapporter de l'argent. Or, parmi les héritiers n'ayant à rapporter que de l'argent se trouvent compris celui qui a reçu des objets mobiliers, et celui qui ayant reçu un immeuble l'aurait aliéné avant l'ouverture de la succession. Ils pourront l'un et l'autre invoquer la règle de notre article.

58. — Il nous reste, pour terminer, à examiner la question de savoir si la règle de l'art. 868 doit être appliquée lorsqu'il s'agit d'une donation de meubles incorporels : par exemple, d'une créance, d'une rente soit sur l'État, soit sur particuliers, ou si au contraire ces sortes de meubles doivent être rapportés en nature.

Dans l'ancien droit, le rapport des rentes soit foncières, soit constituées, se réglait par les mêmes principes que celui des héritages. Les rentes devaient être rapportées en espèces, et elles étaient aux risques de la succession, mais sous la garde du donataire.

Ainsi, lorsque le donataire d'une rente rachetable en avait reçu le remboursement, il n'était tenu qu'au rapport de la somme qu'il avait touchée. De même aussi, dans le cas de donation d'une rente foncière, si les débiteurs de la rente avaient déguerpi les héritages sur lesquels elle était assise, l'obligation imposée au donataire de rapporter la rente se convertissait en celle de rapporter l'héritage même. « Et une fois devenu débiteur de l'héritage à la place de la rente par la conversion qui s'est faite de la rente en l'héritage, dit Pothier, il ne peut être au pouvoir du donataire de changer son obligation. Les augmentations qui sont survenues en l'héritage déguerpi, dont le rapport est dû à la succession, doivent être au profit de la succession ; de même que s'il était diminué ou dépéri, elle en devrait subir la perte. Le rapport doit remettre les choses en l'état qu'elles seraient si la rente n'avait pas été donnée, or si elle ne l'avait pas été, le déguerpissement aurait été fait au donateur, et l'héritage déguerpi se trouverait en sa succession ; il doit donc y être rapporté. »

Que doit-on décider sous notre Code? D'après un grand nombre d'auteurs, la règle de l'art. 868 ne s'applique qu'aux meubles corporels et non aux meubles immatériels, aux droits mobiliers. Ces auteurs fondent leur opinion sur l'esprit de l'article et sa discussion au conseil d'État.

C'est évidemment, disent-ils, à cause de la prompte détérioration du mobilier que le Code a repoussé pour les meubles le rapport en nature de la chose donnée, et constitué le donataire débiteur d'une somme d'argent représentant la valeur qu'avait cette chose au moment de la donation ; or les meubles corporels subissent seuls cette rapide dépréciation, les droits mobiliers restent toujours les mêmes. La rédaction de l'art. 868 indique que la distinction entre ces deux espèces de meubles était dans l'esprit du législateur. Il dit, en effet, que la valeur du mobilier sera connue par l'état estimatif annexé à l'acte de donation, ou par une estimation par experts. Or, cet état estimatif n'est demandé que pour les donations d'effets mobiliers, et on ne fait pas estimer par experts des rentes ou des créances. La discussion qui a eu lieu au conseil d'État sur cet article suppose constamment une donation de meubles corporels, d'effets mobiliers, de ces objets qu'on appelle partout dans l'usage *le mobilier.*

Nous ne pouvons admettre cette distinction entre les meubles corporels et incorporels qui, d'après le système que nous venons d'exposer, serait écrite dans l'art. 868. Le législateur, ainsi que le fait observer Chabot, a eu l'intention de régler dans la section du rapport le mode de rapport de toutes les espèces de biens. Le rapport des immeubles a été réglé dans les art. 859 à 867, et quand l'art. 868 vient régler le rapport du mobilier, le mot *mobilier* qu'il emploie est pris évidemment par opposition du mot *immeuble,* et avec le sens que lui attribue l'art. 535. Ce mot *mobilier* comprend donc tous les objets qui sont meubles, soit par leur nature, soit par la détermination de la loi.

L'argument tiré de ce que le rapport en moins prenant n'est exigé pour les meubles qu'à cause de leur rapide dépréciation, n'est pas concluant en faveur du système que nous combattons, car il conduirait à dire que les meubles corporels qui ne se déprécient pas par l'usage, comme les perles, les diamants, ne doivent pas être rapportés, ainsi que l'admettait Lebrun ; or, tout le monde convient que ce résultat est inadmissible en présence des termes de l'art. 868.

Nous croyons que le donataire de meubles incorporels ne pourra jamais faire le rapport en nature des titres qui lui ont été remis par le défunt, qu'il devra faire le rapport de la valeur que les rentes ou les créances à lui données avaient au jour de la donation. Une estimation sera nécessaire. S'il s'agit d'une donation de rentes sur l'Etat, d'actions de chemin de fer ou d'autres valeurs cotées à la Bourse, cette estimation sera déterminée par le cours que les valeurs données avaient à la Bourse au jour de la donation. S'il s'agit de rentes ou créances sur particuliers, le montant de la somme à rapporter sera déterminé par l'état estimatif joint à l'acte de donation s'il y en a eu un ; dans le cas contraire, on fera déterminer par experts la valeur qu'avait cette rente ou cette créance au jour de la donation.

PROPOSITIONS.

Droit Romain.

I. — Dans l'usucapion, la *bona fides* est la même chose que la *justa causa*.

II. — Le mineur de vingt-cinq ans en curatelle peut s'engager sans le *consensus* de son curateur.

III. — La fille de famille sort de la puissance paternelle quand elle tombe *in manu mariti*.

IV. — Le *correus stipulandus* peut faire novation.

Droit Français.

I. — L'héritier renonçant n'a pas droit à la réserve.

II. — La donation déguisée sous la forme d'un contrat à titre onéreux est nulle.

III. — L'art. 1094 du Code Napoléon détermine en faveur de l'époux une quotité disponible spéciale, qui ne peut varier quel que soit le nombre des enfants.

Droit Criminel.

I. — La maxime *non bis in idem* ne fait point obstacle à ce qu'un même individu soit poursuivi deux fois à raison d'un même fait, mais sous des inculpations différentes.

II. — L'art. 2 du Code pénal, qui assimile la tentative du crime au crime lui-même, reçoit une exception dans l'art. 317 du même Code, qui exige que l'avortement soit accompli pour qu'une peine soit prononcée.

Droit Administratif.

I. — Les canaux affectés à la navigation ne font pas partie du domaine public.

II. — Le gouvernement peut autoriser une personne à procéder à la recherche d'une mine, quoique le propriétaire sur le terrain duquel les recherches doivent avoir lieu fasse lui-même des explorations.

Vu pour l'impression,

Le doyen, H. RICHELOT.

Vu par le Recteur,

GUILLEMIN.